开放存取简编

[美] 彼得·萨伯 著

李 武 译

海洋出版社

2015 年 · 北京

图书在版编目（CIP）数据

开放存取简编/（美）萨伯著；李武译. —北京：海洋出版社，2015.1
（国外图书馆学情报学经典译丛/初景利主编）
书名原文：Open Access
ISBN 978-7-5027-9033-2

Ⅰ.①开… Ⅱ.①萨… ②李… Ⅲ.①图书馆工作-研究 Ⅳ.①G25

中国版本图书馆 CIP 数据核字（2014）第 296926 号

图字：01-2013-9239
© 2012 SPARC

All rights reserved. No part of this book may be reproduced in any form by any electronic or mechanical means without permission in writing from the publisher.

责任编辑：杨海萍　张　欣
责任印制：赵麟苏

海洋出版社 出版发行

http：//www.oceanpress.com.cn
北京市海淀区大慧寺路 8 号　邮编：100081
北京旺都印务有限公司印刷　新华书店发行所经销
2015 年 1 月第 1 版　2015 年 1 月北京第 1 次印刷
开本：787mm×1092mm　1/16　印张：10.5
字数：168 千字　定价：40.00 元
发行部：62132549　邮购部：68038093　总编室：62114335
海洋版图书印、装错误可随时退换

丛书总序

《国外图书馆学情报学经典译丛》由海洋出版社正式出版发行了！这是我国图情理论界、教育界、实践界的一件大好事。在此谨表示热烈的祝贺！

从学科整体上，图书馆学情报学作为一门学科是全世界图情界共同创立、发展和不断创新而形成的，其理论、方法、技术、模式、应用是这一学科共同的成果和财富，也理应为世界各国图情工作者所共享。从学科发展史上看，中国的图书馆学情报学学科的建立深受国外图情理论和研究成果的影响，但也具有本土化的特色。中国的图书馆学情报学在汲取本土文化和实践营养的基础上不断发展和成熟。中国的图书馆学情报学是世界图情学科体系的重要组成部分，同样，世界其他国家的图情研究成果，也在滋养着中国的图情研究不断走向新的高度。但长期以来，由于语言的障碍和版权的限制，我国读者对国外的图情研究成果缺乏系统的了解和认知，一定意义上也影响了中国图情的理论研究、学科建设与实践发展。

2010年6月，中国图书馆学会编译出版委员会成立，我受命担任其中的"国外文献翻译专业委员会"主任。虽然是社会工作，我总觉得应该领导这个专业委员会的各位委员做点儿与这个专业委员会相称的事情。6月22-23日第一次在北京怀柔召开编译出版委员会成立暨工作研讨会，我和专业委员会的各位委员就提出要翻译国外的重要著作，并提出了一些选题。但由于出版社没有落实，这一计划迟迟没有实施。2013年初，因为工作原因，结识了与《图书情报工作》杂志社有多年合作历史的海洋出版社有关领导。谈了我的想法，得到了出版社的支持。很快，就成立了以国外文献翻译专业委员会委员为主体的图情出版专家委员会，共同策划组织了这套"国外图书馆学情报学经典译丛"。海洋出版社负责版权谈判和出版，在译者和编者的辛勤努力下，这套丛书终于得以与中国的广大读者见面。

就我个人而言，从大学时起，我就比较关注国外的图书馆学情报学文献，还曾试着翻译国外期刊的专业文章，请专业英语老师审校指点。读研究生期间，撰写的第一篇关于公共关系的文章（1987年发表在《黑龙江图书馆》），就是在北大图书馆翻阅国外的文献而受到启发而完成的。研究生毕业后当老师，随后到中科院文献情报中心读博士，直到留在这里工作，当导师、做编辑，我始终坚持跟踪国外的研究成果。读博士期间，还为《大学图书馆学报》组织了多期"海外同期声"栏目的多篇介绍国外研究成果的文章。我还先后担任国际图联（IFLA）"图书馆理论与研究"专业委员会的常设委员（2003—2013）和"信息素质"专业委员会的常设委员（2013—），非常关注国际图情领域的发展变化。我始终认为，作为一名学者或研究人员，一定要有宽阔的学术视野，要具有与国际学术界沟通交流的能力。经常性地阅读国外的专业文献，应是研究人员的基本素质。如果能借助于业界的力量，有计划地将国外的研究成果翻译过来，也会帮助很多人克服语言的障碍，推动国际学术交流和知识共享。

首批策划的 7 本书已经基本翻译完成，开始进入编辑录排阶段，将开始陆续与国内的广大读者见面。第二次专家委员会会议策划的其他多本图书，也将进入联系版权等操作程序。我们深知，靠海洋出版社出版的这套译丛（数量将不断地增加）难以满足国内广大读者的需要，主体上还需要更多的读者研读原著，但我们相信，这套丛书将会给广大读者提供一个很好的了解国外图情研究成果的窗口，为广大读者进行系统而深度的科学研究提供丰富的资料，提供有益的借鉴和启示。

尽管是十几名专家共同策划的结果，但无论在选题还是翻译的组织上，都可能存在不尽如人意的地方，诚恳期望广大的专家和读者指出，并提出更合适的选题方案，以便纳入下一年度的选题计划中，更好地做好我们的工作。

在此，感谢海洋出版社为译丛的版权引进和编辑出版所做的大量的工作，感谢所有译者为国外重要的研究成果引入国内所付出的辛苦和所做出的贡献。

期待中国的图书馆学情报学研究更上一层楼，在吸收和借鉴国外的研究成果基础上，有所创新，有所突破，推动中国的图书馆学情报学理论建设、学科发展和实践创新不断走向新水平。

初景利
《图书情报工作》杂志社社长、主编、教授、博士、博士生导师
中国图书馆学会编译出版委员会国外文献翻译专业委员会主任
2014 年 1 月 26 日 北京中关村

中文版序

　　欣闻拙作中文版即将出版，甚感高兴。感谢李武先生的翻译工作，他为此付出了大量的时间和精力。我们未曾谋面，但我知道他在开放存取领域开展了卓有成效的工作，他的研究成果被广泛引用，我为他自豪。

　　开放存取能够加速各个学科和各个语种领域的科研进展。但是，我们必须首先要实施开放存取。如果要实施开放存取，我们则首先应该明白开放存取是什么、开放存取不是什么、为什么开放存取会带来好处、如何实施开放存取、如何制定能够确保开放存取顺利实施的政策、如何解答经常遇到的问题、如何澄清对开放存取的误解。当我们对这些问题了然于胸的时候，我们就能够很好地实施开放存取。本书的写作目的就是要帮助读者搞清楚这些问题的答案。对于眼前的这本书，我最大的愿望是希望它能够促进开放存取在各个学科和各个语种领域的发展。为了实现我的这个愿望，使这本书本身成为OA资源固然是非常重要的一步，但是这还远远不够，下一步就是要争取使这本书的翻译稿也能成为OA资源。

　　科学研究是国际化的，它也理当是国际化的。开放存取能够使科研人员获取本来不能获取的科学知识、科学假设、科学证据以及学术探讨结果，不管其科研作者近在咫尺，还是远在天涯。世界上任何一家图书馆都不具备订阅所有学术期刊的实力。事实上，在过去的几十年中，由于期刊价格的涨幅和研究成果的增长率都远远高于图书馆经费预算的涨幅，图书馆能够购买的期刊比例处于持续降低的状态。

　　如果没有开放存取，那些图书馆没有实力购买的研究成果实质上就等于不存在了。换言之，即使质量很高，也跟研究需求高度相关，但对于图书馆用户来说，这些研究成果是"不可见"的。开放存取能够彻底扭转这种局面，也能够彻底解决这个问题。开放存取提高了科研读者的工作效率，扩大了科研成果的读者对象，提高了科研作者的学术影响。另外，开放存取也提升了科研成果本身的国际化特征。反过来，通过让更多的科研人员获取并进而检

1

验研究成果，也进一步提高了研究成果本身的质量和研究效度。

我在2011年年中的时候完成这本书稿的撰写工作。随后，出版社于2012年年中的时候正式出版了这本书，然后在2013年年中的时候又使这本书成为OA图书。因此，当这本书正式出版的时候，它已经"一岁"了；当这本书成为OA资源的时候，它已经"两岁"了。一旦成稿就已经"过时"，这或许是所有非虚构类图书的命运。但是，我并不想看到这本书也遭遇同样的命运，我也不想通过每隔几年出版新版本的做法使其避免这种命运。为了保证及时更新相关文档和分析资料，我创办了这本书的网站（网址是http://bit.ly/oa-book）。如果中国读者需要获取关于本书结论的最新证据和资料，我建议你们去查阅这个网站，当然所有的更新素材和补充材料都是以英文撰写的。

最后，我想对所有的科研人员提出一个请求。你或许觉得自己没有足够的力量去影响相关机构（包括大学、图书馆、学会/协会、出版商、科研资助机构和政府相关部门）制定和实施OA政策。但是在力所能及的范围内，你可以做两件事情。第一，当你听到人们对开放存取的看法存在误解的时候，你可以帮助他们澄清对开放存取认识的误解（本书的每个章节都能帮助你做到这一点，但第1章的内容尤其有用）。第二，你可以通过期刊或知识库的途径使自己的作品成为OA资源（请参考本书第10章的内容）。

如果你去做这两件事情，你将直接参与全球开放存取事业的建设。你将改变科研运作的方式以及人们对科研的期望，尽管这种力量很小，但可以积少成多。你将会影响其他人，尽管你并不清楚被你影响的每个人。你将为创建一种新的科研文化做出自己的贡献，在这种科研文化中，开放存取是自发的、常态的或者是自然的。你将把自己的研究成果与可以利用它的每个人共享，从而使自己和对方都从中获益。你将成为影响他人的榜样，影响他们也去做同样的事情。

彼得·萨伯
哈佛大学
剑桥城，马萨诸塞州，美国

序言

在过去的十年中，我全身心地致力于推动科学和学术信息的开放存取运动。一方面，我经常就这个话题做简短的报告；另一方面，我也撰写长文详细探讨这个领域的具体问题。本书试图采用折中路线。这是一本介绍开放存取基本知识的小册子：能有足够的篇幅来覆盖开放存取的主要议题；同时对于工作繁忙的人来说，又不至于太冗长。

我盼望工作繁忙的人也能阅读这本书。每个人将受益于开放存取，正如受益于科学研究一样。开放存取致力于推动科研进展，并促使研究结果能够在更大范围内被广泛传播，从而使每个人受益匪浅。作为读者的科研人员可以通过开放存取检索并找到他们所需的信息，作为作者的科研人员可以借助开放存取让更多的读者阅读并引用他们的作品。通过推动科研进展和促进基于科研成果开发相关产品或服务，开放存取也使得普通百姓受益匪浅。这些产品或服务包括通过科学研究开发的新药物和新技术，通过科学研究制定的更为正确的决策和更为合理的政策，以及通过科学研究达成的人们对自然和社会的更为深入的理解和洞察。

但是，只有我们将开放存取付诸实践的时候，它的作用才能发挥出来；而负责实施开放存取的人往往是一群大忙人。我这里所想到的就是那些在大学、图书馆、出版社、学会/协会、资助机构、政府部门等相关机构就职的科研人员和政策制定者。

依我多年在一线推广开放存取运动的经验来看，影响开放存取发展的最大障碍就是对它的误解。究其原因，造成这种误解的首要因素是对开放存取的不熟悉，而造成对开放存取不熟悉的关键则是所谓的"先入为主式"的偏见。每个人都很忙，有些出版商有组织地发表了针对开放存取的反对意见，但是很少有人为开放存取进行有组织性的辩护工作。

毫无疑问，消除误解的最好方式就是向这些工作繁忙的人言简意赅地普及开放存取的基本知识。当然，致力于开放存取研究的专业人士可能会担心我对重要议题的论述是否过于简略。但是，我知道大部头图书肯定会错过工作繁忙的读者群体。其实，读者在大量的网络文献中可以找到更多关于这个主题的详实论述、参考资料、研究项目、案例分析以及工作建议。这些网络文献大多数都是可以免费获取的，其中就包括我之前撰写的诸多论文（读者可以通过网络免费获取我撰写的所有论文）①。

这本书也将在出版印刷版的一年后可供读者免费获取。如果你不能等到那个时候的话，也不要紧；因为里面所讲的内容，我在之前发表的很多论文中都已经提到了。

我把以前撰写的相关素材都整合到了这本书中，当然也做了一些修改。图书的末尾会告诉大家我改编了哪些素材，并融合到了哪个章节中②。我选用这个方法用于处理本书在写作过程中面临的两难处境。一方面，我并不想有意隐瞒利用先前撰写的文章的事实；同时，我也不希望使每个章节看起来到处都在自我引用。当然，在充分利用先前撰写的文章的同时，我也利用这次的写作机会对这些文章的内容进行纠错、更新和完善。

这本小册子并没有太多地涉及其他类型的资源，比如开放数据、开放教育资源、开放政府、开源软件以及开放科学。所谓"开放科学"就是把开放文本、开放数据和开源软件整合起来，在研究项目的每个阶段都提供开放服务，而不仅仅局限于最后的研究结果发表阶段。这套丛书的其他图书将会专门就特定类型资源的开放存取展开详细论述。③

如果没有相关机构的经费支持，我就不可能在过去的这么多年中全身心地致力于开放存取运动。这些机构包括：开放社会基金会（Open Society Foundations）、维康信托基金会（Wellcome Trust）和阿卡迪亚基金会（Arcadi-

---

① 请参考我撰写的关于开放存取的文章的列表，该列表每年都在持续更新。网址：http://www.earlham.edu/~peters/fos/oawritings.htm。
也可以参考查尔斯.贝利（Charles W. Bailey Jr.）的专著：《借助开放存取转变学术出版：书目列表》（Transforming Scholarly Publishing through Open Access: A Bibliography）。该书由Digital Scholarship于2010年出版。网址：http://digital-scholarship.org/tsp/w/tsp.html

② 译者注：原书将各个章节的参考文献统一放在图书的末尾，中文译本则将各个章节的参考文献直接置于对应的章节之后。

③ 译者注：本书是麻省理工学院出版社出版的《麻省理工学院基础知识丛书》中的一本。截止目前，除了本书之外，该丛书还出版了詹姆斯.科尔塔达的《信息和现代企业》和约翰.帕尔费里的《知识产权战略》。

a）。在这个过程中，我同时得到了来自下述机构在经济和工作方面的支持。它们包括：厄勒姆学院（Earlham College）、公共知识机构（Public Knowledge）、学术出版和学术资源联合机构（Scholarly Publishing and Academic Resources Coalition）、缅因州立大学（the University of Maine）、数据转换实验室（Data Conversion Laboratory）、耶鲁法学院的信息社会项目（Information Society Project at Yale Law School）、哈佛大学柏克曼互联网与社会研究中心（Berkman Center for Internet & Society at Harvard University）、哈佛法学院图书馆（Harvard Law School Library）和哈佛大学学术传播办公室（Harvard Office for Scholarly Communication）。我还要感谢下列大力支持开放存取运动和全力支持我从事这份工作的相关人员，其中包括：费伊．邦德．阿尔贝蒂（Fay Bound Alberti）、彼得．鲍德温（Peter Baldwin）、杰克．巴尔金（Jack Balkin）、道格拉斯．贝内特（Douglas Bennett）、莱恩．克拉克（Len Clark）、达瑞斯．卡普林斯卡斯（Darius Cuplinskas）、罗伯特．达恩顿（Robert Darnton）、乌尔斯．加赛（Urs Gasser）、梅丽莎．哈格曼（Melissa Hagemann）、瑞克．约翰逊（Rick Johnson）、希瑟．约瑟夫（Heather Joseph）、罗伯特．凯利（Robert Kiley）、苏．凯瑞格斯曼（Sue Kriegsman）、哈兰．昂斯路德（Harlan Onsrud）、约翰．帕尔费里（John Palfrey）、里斯伯特．罗辛（Lisbet Rausing）、斯图亚特．什尔博（Stuart Shieber）、大卫．斯科尼克（David Skurnik）和吉吉．索恩（Gigi Sohn）。

我把这本书献给那些成千上万共同致力于开放存取运动的人士，他们来自各个国家和各个领域。在这么一个序言中，已经不太可能继续罗列出我所认识的朋友了。事实上，我需要感谢的人比这要多得多了。在此，我对他们也一并表示深深的谢意和敬意。

目　次

- 第 1 章　定义 ……………………………………………… (1)
  - 1.1　开放存取何以成为可能？ ……………………… (6)
  - 1.2　开放存取不是什么？ …………………………… (13)
- 第 2 章　动机 ……………………………………………… (22)
  - 2.1　作为解决问题的开放存取 ……………………… (22)
  - 2.2　作为把握机会的开放存取 ……………………… (31)
- 第 3 章　类型 ……………………………………………… (42)
  - 3.1　绿色 OA 和金色 OA ……………………………… (43)
  - 3.2　绿色 OA 和金色 OA 相辅相成 ………………… (48)
  - 3.3　免费 OA 和自由 OA ……………………………… (52)
- 第 4 章　政策 ……………………………………………… (63)
  - 4.1　资助机构和大学的 OA 政策 …………………… (63)
  - 4.2　对"强制性"的理解偏差 ………………………… (69)
  - 4.3　对 OA 政策在历史时间维度上的理解偏差 …… (71)
- 第 5 章　范围 ……………………………………………… (82)
  - 5.1　预印本、后印本和同行评审 …………………… (83)
  - 5.2　学位论文 ………………………………………… (86)
  - 5.3　图书 ……………………………………………… (87)
  - 5.4　获取什么？ ……………………………………… (91)
  - 5.5　为谁获取？ ……………………………………… (93)
- 第 6 章　版权问题 ………………………………………… (106)
- 第 7 章　经济问题 ………………………………………… (113)
- 第 8 章　严重影响 ………………………………………… (130)
- 第 9 章　未来发展 ………………………………………… (141)

1

第10章　自助方案 …………………………………………………（146）
　　10.1　如何使自己的作品成为金色OA资源 ……………………（146）
　　10.2　如何使自己的作品成为绿色OA资源 ……………………（147）
术语表 ………………………………………………………………（150）
补充资源 ……………………………………………………………（152）
译后记 ………………………………………………………………（155）

第1章　定义

从传统纸张上的白底黑字到数字文本，这种转变使得我们在一夜之间能够制作完美无瑕的作品复本。从孤立的电脑到覆盖全球的网络联机，这一转变又使我们能够与世界各地的读者共享这些复本。从本质上来说，这种共享是不需要成本的。大约在30年前，这种免费的全球共享成为新生事物；而在那之前，这一切听起来就像堂吉诃德式的梦想。

数字技术已经创造了多项革命。让我们把这项革命称为获取革命吧！

为什么更多的作者不利用这种获取革命让更多的读者接触到自己的作品呢？答案其实非常简单。以这种方式共享自己作品的作者并没有在售卖这些作品。但是，有些作者需要依靠贩卖自己的作品谋生，即使他们的写作目的不仅仅只是获得经济报酬。

下面我们先把希望销售作品的作者放一边，以此来深化对这个问题的追问。事实上，我们承认已经把绝大多数的作者都排除在外了。

请想象有这么一群作者，他们撰写重要的和有用的作品，并遵循一个持续了数百年之久的传统——免费传播作品。在这里，我不是说这是"一群"不需要金钱的富有作者群体。这里所谓的"一群"是根据作品的主题和题材、写作的目的和动机、或者作者所属机构的性质来划定的，并不是拿他们的财富作为划分标准。事实上，在这些作者当中，可能只有极少数才是有钱人。他们是谁，有多少人，写作什么内容，以及为什么要遵循这个持续数百年之久的传统，现在都不重要了。你只需知道的是：他们的所在单位为他们支付薪水，允许他们免费传播自己的作品；他们的写作目的是为了影响力而非金钱，当他们如愿取得影响力之后其职业生涯自然也就向前迈了一步。你也可以进一步想象销售作品这种行为事实上会损害他们的利益——减少他们的读者数量，降低他们的影响力，将他们引向写作大众话题（而非他们擅长的专业领域）从而扭曲其职业发展目标。

如果存在这样的一群作者的话，至少这群作者应该要充分利用获取革命所带来的好处。对于他们而言，全球免费获取的梦想即可成为现实。当然，对于希望赚取版税和那些觉得不应该淌获取革命这一浑水的作者而言，这个梦想同样也可以成为现实。

这群幸运的作者就是学者，他们撰写和发表的没有经济报酬的作品就是在学术期刊上发表的同行评审论文。"开放存取"是对获取这群作者的作品的具有革命性变革方式的称谓。这群作者不期望通过自己的作品获取经济报酬，愿意免费将作品提供给读者使用。

开放存取文献（OA文献）是数字化、在线的、免费的、不受大多数版权和许可限制的。

我们可以将这种获取称为"不受限制的获取"，但这种提法是强调从反面而非正面的角度来界定这种新的获取方式。无论如何，我们可以更加明确地指出开放存取移除了哪些获取障碍。

价格是一个非常显著的获取障碍。从单篇作品的角度来说，大多数作品的价格是在读者能够承受的范围。但学者为了完成一项研究项目往往需要查阅上百篇论文，图书馆需要为数千名师生提供信息获取服务，而文献数量的增长又呈现指数型趋势，因此价格障碍就变得不可逾越了。其结果就是既伤害了作者的利益（限制读者获取作者的论文进而限制读者引用作者的论文），又损害了读者的利益（限制读者可以检索和阅读的文献范围）。总而言之，这种结果就是从两个方向都阻碍了科研的进展。开放存取则为读者成功地移除了获取方面的价格障碍。

版权可能会成为另外一个显著的获取障碍。如果你可以获取和阅读一部作品，并希望把这部作品翻译成其他语种、拷贝并发给同事、借助高级软件进行文本挖掘、利用新技术转换原文格式，那么在通常情况下，你还得征求版权持有人的许可。因为作者希望从作品的销售中获利，而你希望所作的这些事情又会影响作品的销售，所以征求版权持有人的许可是理所当然的。但是对于研究论文来说，情况会有所不同——来自这个特定群体的作者希望在尽可能大的范围内传播他们的作品。但是，这些作者往往将作品的版权转让给了中间商（即出版商），而出版商正是希望通过销售他们的作品来盈利的。因此，读者在科学研究过程中就会遇到版权的障碍，而这些障碍的设置显然是服务于中间商而非作者本人的。另外，用征求版权许可的方式取代自由使用方式也是从两个方向阻碍了科研的进展。一方面，它限制了读者对作者作你只需知道的是：他们的所在单位为他们支付薪水，允许他们免费传播自己的作品；他们的写作目的是为了影响力而非金钱，当他们如愿取得影响力之后其职业发展自然也就向前迈了一步。

品的使用进而损害了作者的利益；另一方面，它限制了读者在获取作品后不能更加深入地使用这部作品进而损害了读者的利益。开放存取为读者成功地移除了获取方面的许可障碍。

移除价格障碍意味着读者不再受限于自己的支付能力，也不再受限于所在图书馆的经费预算水平。移除许可障碍则意味着读者可以出于学术目的自由地使用或再利用文献。这里所谓的"学术目的"不仅包括查询和阅读，而且包括转发、翻译、基于原文的文本挖掘、将原文迁移至新媒体、长期保存以及各种我们现在还无法想象的各种新型的对原文再检索、分析和处理等使用方式。开放存取不仅可以使更多的读者获取和使用文献，也可以使那些希望对文献进行再利用的读者受益匪浅。总而言之，开放存取从这两个方面使作品变得更为有用。

专有术语

在必要的情况下，我们可以更加明确获取途径和获取障碍。用这个领域的行话来说，通过期刊实现的开放存取被称为金色OA（gold OA），通过知识库实现的开放存取被称为绿色OA（green OA）。不是OA资源的作品，或者说只有通过付费才能获取的作品被称为TA（付费获取）。在过去的多年中，我一直征求出版商的意见，为付费获取出版商取一个中立的、客观的、不带感情色彩的称谓，反馈的最为常见的词是"常规出版商"（conventional publishers）。（译者注：为了符合中文表述的习惯，文中将"conventional publishers"译为"传统出版商"，但请读者注意"传统出版商"与"常规出版商"的内涵不尽一致）。当我们移除了各类价格障碍之后，如果仍然继续的话，还可以移除各种各样的许可障碍。如果我们仅仅只是移除了价格障碍，我们提供的是免费OA（gratis OA）；如果我们在此基础上同时也移除了全部或部分的许可障碍，我们提供的就是自由OA（libre OA）。（参见章节3.1关于绿色/金色OA和章节3.3关于免费/自由OA。）

关于开放存取三个最为重要的公共宣言都界定了开放存取的内涵：布达佩斯开放存取倡导（Budapest Open Access Initiative，2002年2月颁布）；关于

开放存取出版的贝赛斯达宣言（Bethesda Statement on Open Access Publishing，2003年6月颁布）；对科学和人文领域知识开放存取的柏林宣言（Berlin Declaration on Open Access to Knowledge in the Sciences and Humanities，2003年10月颁布）。[1]有时，我把这三大宣言中关于开放存取定义的共同部分或交叉部分称为开放存取的3B定义。我在这里给出的开放存取定义一方面是提炼了3B定义的核心要素，同时也加入了3B之后学界和业界提出的相关术语（绿色、金色、免费和自由），其目的就是为了更加精确地描述开放存取的下位类概念。布达佩斯开放存取倡导的定义如下：

对（研究性）文献的获取在范围广度和难易程度方面存在不同的类型和级别。对文献的"开放存取"意味着读者通过公共互联网可以免费地获取该作品，包括阅读、下载、复制、传播、打印、检索或者链接作品全文，为作品建立索引，将作品作为数据传递给相应软件，或者进行任何其他出于合法目的的使用。上述的各种使用都不受经济、法律和技术的任何限制，除非是网络本身造成的物理获取障碍。对复制和传播唯一的限制，以及版权在此所起的唯一作用就是保证作者拥有保护作品完整性的权利，并要求他人在使用作者作品时以适当的方式表示致谢并注明相应的引用信息。

贝赛斯达宣言和柏林宣言是这么界定开放存取的：如果一部作品要成为OA作品，版权持有人必须事先同意"只要注明正确的作者信息，用户就可以出于任何目的基于任何数字媒介公开地复制、使用、传播和展示该作品，并在该作品的基础上创造和传播其演绎作品"。

请注意3B定义中的每一个定义都既包括移除价格障碍，也包括移除许可障碍。换言之，这三个定义都不仅停留在免费OA的层面，同时也深入到自由OA的层面。但是，这三个定义对用户的自由使用都至少有一个限制：用户有义务标注该作品出自某作者之手。开放存取的目的是移除障碍以方便用户对学术文献出于合法目的的各种使用，但是开放存取仍然要求我们对所使用的文献注明出处并表示感谢。（这也就是为什么我给开放存取给出的简短定义中说明OA文献是不受"大多数"而不是"所有"版权和许可的限制的原因。）

开放存取的核心理念是非常简单的，也就是"用户可以通过网络不受价格障碍和大多数的许可障碍就可以获取研究性文献"。甚至开放存取的实施也是非常简单的；在过去的十几年中，经过同行评审的OA文献和提供这些文献的机构在数量方面一直处于增长态势。如果存在什么复杂性的话，就是从我们现在所处的科研环境向以开放存取为常态的科研环境的转变这一过程本身。这种转变会相当复杂，因为其中的主要障碍并非法律、技术和经济问题，乃是文化问题。（更多的信息和讨论参见第9章关于未来发展。）[2]

既然我们可以把任何数字内容都放在互联网上而不设任何的价格障碍和许可障碍，所以从理论上讲，任何类型的数字内容都可以成为OA资源。而且，任何类型的内容都可以数字化，包括文本、数据、图片、声频、音频、多媒体和可执行代码。因此，我们可以拥有OA音乐、OA电影、OA新闻、OA小说、OA喜剧、OA软件。事实上，这些不同类型的资源已经以不同程度的开放存取形态存在于我们的身边。但是，"开放存取"这个术语是由科研人员提出来的，其目的是希望移除影响获取研究性文献的障碍。下面我将解释其中的缘由。

1.1 开放存取何以成为可能？[3]

开放存取因互联网的发展和版权持有人的同意而成为可能。但是，为什么版权持有人会同意用户免费获取自己的作品呢？

两个既成事实可以告诉我们答案。首先，作者本人就是作品的版权持有人，除非他们将版权转让给了其他人（比如出版商）。

其次，学术期刊通常不会因研究论文而为作者付费，这意味着这群特殊的作者在同意将自己作品免费供用户获取的时候并不会存在丧失经济收入的问题。也正是这种现象把学者跟音乐人、制片人明显地区分开来，甚至也跟其他大多数的作者区别开来。音乐和电影产业界对开放存取存在诸多争议，但同样的争议并没有出现于学术期刊出版界，原因大抵如此。

这两个既成事实都非常关键，可惜学术圈之外的人对第二个事实不太熟悉。这其实不是学术圈中的新现象，更不是近期出版行业经济滑坡的结果。自从最早的学术期刊（1665年创办于伦敦的《哲学会刊》和创办于巴黎的《学者周刊》）诞生以来，学术期刊就一直没有为作者的论文支付报酬。[4]

学者为影响力而非金钱撰写研究论文。这种学术传统可能只是一个幸运的巧合,也可能是一种明智的"适者生存",并在任何一种文化中都与重要的科研亚文化并行发展。

学者为影响力而非金钱撰写研究论文。这种学术传统可能只是一个幸运的巧合，也可能是一种明智的"适者生存"，并在任何一种文化中都与重要的科研亚文化并行发展。（像我这样的乐观主义者通常会选择相信第二种可能性，但版权法的发展恰好是对这种乐观主义的极大嘲讽。）这种非同寻常的学术传统不仅使得科研成果与市场经济隔绝，而且使学者在同意实施开放存取的同时又不存在丧失经济收入的风险。它支持学术自由和科研探索以促进知识的发展。它能让学者不受限制地挑战传统知识并捍卫尚未被当时社会广泛接受的前卫观点，这一点对学术自由来说是非常关键的。同时，它能让学者深入研究和维护那些对世界上只有少数人而言才有兴趣的想法，这一点对于推动知识不断向前发展也是至关重要的。

诚然，这种学术传统不能确保寻求真理的过程不会受到追求利润的影响，也不能确保我们将最终通过自身对世界的共同理解来填补这最小块的空缺。同样，它甚至不能确保学者有时将不会为公众写作，反而绕入自己的奇思怪想中。但是这种学术传统可以移除影响他们注意力的一大障碍，允许他们（如果他们自己也愿意的话）将精力大量地花在可能会成为真理的内容上，而不是可能会成为易销品的内容上。这是我们开展高质量的科研本身所需要的先决条件，而不仅仅只是为了让读者更加容易地获取科研成果。这也是解开阻碍开放存取进展的法律和经济锁链的钥匙。

依靠版税谋生的创作人士（比如小说家、音乐人、制片人等）或许会认为这种学术传统简直就是一种致命的打击，它牺牲了学者的利益。如果不能从一定的高度看待如下事实，我们或许也会同意他们的观点。首先，学者在过去将近350年间一直是在做"牺牲"。为研究论文提供OA服务并不要求希望赚取版税的作者放弃他们的版税。第二，学者从大学那里领取薪水，使他们能够全身心地投入到科研之中并发表对大众市场没有吸引力的专业论文。许多音乐人和制片人或许羡慕学者所拥有的这种自由——不需要考虑读者的口味和作品的销售。第三，当他们的研究被他人接受、引用和应用的时候，学者能够从自己所在的机构那里得到其他无形的回报，比如晋升和获得终身教职。

如果学者有效地推动了所在领域的知识的发展，那么自己的职业生涯也会取得很好的发展。学者对特定的议题、想法、问题或学科特别有兴趣。他们往往为自己能在工作中探索这些问题而感到幸运；他们尤其感到幸运的是，自己还能因为从事这些探索工作而有所回报。有些学者一心一意地致力于科研工作，把一块鹅卵石投入知识栈中——正如约翰.兰格（John Lange）所做的那样——并最终在所在领域产生学术影响力或者就同样的研究问题取得优先发明权/发现权。另外有些学者则精心经营自己的职业发展道路，为晋升和获取终身教职奠定基础和积累资本。但是，这两种路径往往会交叉汇合，这不是偶然的巧合，而是学者对自己学术生涯的规划结果。作为促使他们努力工作的因素，相对于版税（版税对于小说家和音乐人具有很大的吸引力）而言，这些给学术生涯发展所带来的无形益处对于学者具有更大的吸引力。（在学术和非学术这两个领域，为学术大牛/超级明星支付大笔的版税并不能告诉我们这种模式同样也适用于其他绝大多数不是那么知名的从业人员。）

有人认为如果学者采用一种更为"商业"的姿态，行事更像音乐人和制片人，积极融入到大众市场，将经济收入与作品的受欢迎程度相挂钩，那么科学研究将会更加自由和更加有效，这种看法是毫无道理的。显然，那些试图说服学者采用他们的方式并要求出版商因期刊论文支付版税的非学术人士对非营利性的研究事业是非常无知的，这些人甚至比学者对营利性的商业运作更为无知。[5]

我们可以进一步来探讨这个问题。由于所在大学和资助机构会为学者支付薪水和研究经费（以此来取代版税），所以他们不需要考虑作品的销售问题。但是，大学为什么要给他们支付薪水，资助机构为什么要给他们提供研究经费呢？他们之所以这么做，是为了推动科研的发展以及推动基于科研成果的公共产品和服务的发展。大学和资助机构都是非营利机构，他们并不以盈利为目的。当然，他们这么做更不是为了将学术作品送给出版商使其致富（尤其是当传统出版商设置各种获取障碍的时候）。大学和资助机构为科研人员支付薪水和提供经费的真正目的是让他们的研究成果成为免费的"礼品"，在最大程度上受益于广大公众。

从本质上说，公共和私人资助机构是公共和私人慈善机构，这两类机构都会资助那些他们觉得有意义和有用处的研究项目。大学同样也有这么一个服务公众利益的目标（甚至私立大学也是如此）。我们利用公共经费支持公立大学的发展，也采用其他的措施来支持私立大学的发展，包括对其不动产实施免税政策，对其接受的捐赠实施减税政策。

如果科研人员为版税写作，使他们的研究论文成为商品（而非礼品），那么我们所拥有的知识就少了，OA 资源也少了。因此，越来越多的资助机构和大学开始采纳强硬的 OA 政策，对此现象我们不应该感到惊讶。资助机构和大学致力于推动科研发展的使命与开放存取的逻辑不谋而合：除了少数研究（比如机密研究）以外，值得资助的科研项目同样也是值得跟每个能够利用该研究成果的读者共享的。（参见第 4 章关于政策。）

刚刚接触开放存取的人经常会认为开放存取在帮助读者的同时却伤害了作者的利益，也会认为作为学术研究的读者群体必须请求作者做些必要的牺牲。事实上，开放存取在受益读者的同时也使作者受益匪浅。正如读者希望获取作者的文献一样，作者也希望更多的读者接触到自己的作品。没有哪位作者不希望拥有更多的读者和取得更大的影响力。为版税而写作的作者有理由做出妥协——满足于有购买能力同时又有购买意愿的这个范围较小的读者群体。但是，学者并没有为他们的写作收取版税，他们是没有理由做这种妥协的。

出版学术作品是出于对学术影响力和职业发展的强烈兴趣，承认这一点在名誉上丝毫不会对追求知识发展的目标造成任何的影响。其结果其实是掺杂了有利害关系和没有利害关系这两大动机。从本质上说，让作品成为 OA 资源的理由其实是跟出版作品的理由是相同的。让自己的作品成为 OA 资源的作者客观上总是在服务于他人，但主观上不一定都出于利他主义的想法。事实上，这种想法——认为实施开放存取依赖于作者的利他主义理念——掩盖了开放存取在受益他人的同时也有利于实现作者自我利益的事实本身，因此在某种程度上阻碍了开放存取的发展。

开放存取有利于实现作者自我利益的一个证据就是 OA 论文比非 OA 论文会得到更多的引用（甚至在这两种不同获取类型的论文同时出现在同一期刊的同一卷期的情况下），这种现象已经得到了多项研究的证实。同时，OA 论文被下载的次数也更多；转变为 OA 出版模式后，期刊在作者投稿数量和被引次数这两方面也都有了一定程度的提高。[6]

为什么开放存取和论文被引数量提高这两者之间会存在相关关系，对此存在诸多解释。但是，目前的许多研究表明其主要原因就是由于开放存取带来了读者数量的增加和论文可见度的提高。当你扩大了能够获取自己论文的读者群体的时候，其实也扩大了将会引用这篇论文的读者群体，包括那些就职于没有实力购买数字资源的大学的同行。换言之，开放存取扩大了期刊潜在读者的范围（包括潜在的专业读者），这对于那些最权威和订购量最大的期刊同样也是如此。

这些研究都为开放存取做了一个很好的注脚：开放存取能够使作者受益。对于那些为影响力而非金钱写作的作者来说，使自己的作品成为 OA 资源并不是在做牺牲。开放存取提高了作品的可见度、可检索性、读者数量、使用量和被引量，而这些都最终会转变为有利于学者发展职业生涯的要素。即使将自己的作品变为 OA 资源耗财、耗时又耗力，对于学者来说也是一笔划算的"买卖"。更何况正如我们所见的，将作品变为 OA 资源既不耗财、又不耗时、也不耗力。

我的同事斯蒂文．哈纳德（Stevan Harnad）经常把研究论文比作广告。这些研究论文是在为作者的研究做广告。请告诉广告主，他们在允许用户免费浏览自己广告的时候，并没有做什么牺牲。广告主传播他们的广告，甚至支付广告牌位，他们这样做的目的是为了使自己受益。其实学者也是如此——他们在广泛传播自己研究成果的时候同样也是为了使自己受益。[7]

由于任何内容都可以数字化，任何数字化内容都可以成为 OA 资源，开放存取也就没有必要把自己局限于不是出于赚取版税目的而撰写的文献（比如研究论文）。研究论文只是那些低悬的水果而已，用户伸手即可容易地摘取。开放存取的范围可以扩展到那些出于赚取版税目的而撰写的作品，包括专著、教材、小说、新闻、音乐和电影。但是，当我们把开放存取的范围扩展至所有作品的时候，作者要么可能就会丧失收入来源，要么害怕即将丧失收入来源。不管是属于哪一种情况，都很难说服这些作者把他们的作品供读者免费获取。但是，我们不能因此得出结论——认为出于赚取版税目的而撰写的作品不应该被纳入开放存取的范围；相反，我们只能从中得出如下的结论，即这些文献属于不仅需要伸手而且还要踮脚才能够得着的水果。在很多情况下，我们仍然能够成功地说服那些出于赚取版税目的而从事写作的作者同意将他们的作品供读者免费获取。（参见章节 5.3 关于为图书提供 OA 服务。）

在研究论文的出版环节中，撰写研究论文的作者并不是唯一没有得到经济报酬的人。一般来说，学术期刊也不会为编辑和评审专家支付报酬。这些编辑和评审专家从大学那里领取薪水，因此也像作者一样可以贡献自己的时间和精力，从而确保即将发表的论文质量。这就产生了一个很重要的结果，在同行评审论文的出版环节中的所有的核心参与者在同意将论文变成 OA 资源的时候，都不存在丧失经济收入的风险。开放存取不需要绕过同行评审环节，也不需要倾向于那些不需要评审的论文。我们应该努力确保 OA 资源的学术质量，使其达到同行评审水平。（参见章节 5.1 关于同行评审。）

当然，传统出版商不像作者、编辑、评审专家那样没有经济收入也行，这是向 OA 模式转型过程中最关键的事实。这一事实也解释了为什么学者和传统出版商这两个群体的利益在数字时代更加相悖而行的现象。当然，不是所有的出版商都是传统出版商，也不是所有的传统出版商都会把源于印刷时代的商业模型带入数字时代。

并不是所有的学术出版商都是一模一样的。有些新生的出版商在创办之初就是 OA 出版商，有些经营多年的出版商也已经完全转变为 OA 出版商。有些出版商将自己的部分出版内容（而非所有）为读者提供免费获取服务。有些出版商正在试验 OA 模式；有些出版商正在隔墙观望。大多数的出版商都允许绿色 OA（通过知识库来实现开放存取），越来越多的出版商提供某种程度的金色 OA（通过期刊来实现开放存取）。总之，有些支持，有些反对，有些悬而未决。在那些反对开放存取的出版商当中，有些只是自己不提供 OA 服务，有些则到处游说反对旨在鼓励或要求科研人员实施开放存取的相关政策。有些出版商反对金色 OA 但不反对绿色 OA，有些出版商则相反。

如果不太了解不同出版商彼此之间存在的这些差异，开放存取阵营将可能会失去潜在的同盟。不同出版商之间的这种差异性也在提醒我们开放存取其实并没有威胁到出版本身，而只是对那些不愿意改变的出版商造成了一定的威胁。[8]

越来越多的期刊出版商已经选择了不同于传统的商业模式——放弃订阅收入，提供 OA 服务。这样确实存在出版成本的问题，但是目前也存在各种用以弥补出版成本的收入渠道可供期刊出版商借鉴。事实上，有些 OA 出版商是带有营利目的的，本身也是有盈利的。（参见第 7 章关于经济问题）。

另外，参与同行评审的志愿者并不在意期刊如何弥补它的出版成本，甚至不关心这些期刊是处于赤字状态还是盈利状态。如果所有的同行评审刊在一夜之间都转变为 OA 模式，作者、编辑和评审人员同样还会参与到这个出版过程之中，就像没发生变故的前一天一样。他们不必终止提供服务，不必降低质量标准，也不必做出额外牺牲。他们之所以愿意参与这份志愿工作，不是因为这份期刊采用何种商业模式，而是因为它对研究所能做出的贡献。他们可以与付费获取出版商合作运作期刊,也可以与OA出版商合作,甚至在没有出版商的情况下也可以自己单干。

布达佩斯开放存取倡议在2002年2月份提到:"一个古老的传统和一项新兴的技术融合使得这项前所未有的公共服务成为可能。这个古老的传统就是科学家和学者免费在学术期刊上发表科研成果的意愿…而这项新兴的技术就是互联网。"[9]如果你有兴趣希望了解这种意愿在没有网络的情况是如何发生作用的,那就得回头查看在印刷时代的学术传播情况。作者免费提供的礼品变成了出版商的商品,读者获取文献的鸿沟非常巨大而且广泛存在。(目前读者获取文献的鸿沟仍然是非常巨大而且广泛存在的,但造成目前这种现状的唯一原因就是开放存取尚未成为新的科研环境的常态模式)。如果你有兴趣希望了解这种媒介在没有作者意愿的情况下是如何发生作用的,那么就看看互联网时代的音乐和电影吧。对于版税的需求使得音乐和电影的创作人不可能将其作品传递到每个观众的手中。

当这种意愿和这种媒介同时存在的时候,就造就了一个绝佳的机会。源自17世纪的这个学术传统使得学者能够充分利用这项在20世纪和21世纪所发生的获取革命。学者是唯一遵循这个传统的群体,他们也是唯一可以充分利用这场革命而没有任何经济风险的群体。从这个意义上来讲,这个世界特别青睐于学者。大多数其他领域的作者都在为由互联网创造的这个机会忧心忡忡,更不用说利用这个机会为自己服务了。

1.2 开放存取不是什么?[10]

只要指出开放存取不是什么,我们就可以解开一系列对开放存取的反对意见和误解。(我将在后面的章节对这些内容展开详细论述。)

1. 开放存取并不试图绕过同行评审。开放存取与各种类型的同行评审都是不冲突的,包括从最为保守的到最为创新的同行评审形式。所有关于开放存取的公共宣言都坚持同行评审的重要性。一般来说,学术期刊不会为参与同行评审的编辑和评审人员支付报酬(就像他们不会为作者支付报酬一样),所以参与同行评审过程中的所有人在同意使作品成为OA资源的同时不存在丧失任何收入来源的风险。尽管将尚未经过同行评审的预印本为读者提供免费获取服务也是非常有用的,但是OA运动并不局限于此,这场运动把目标主要聚焦于已经经过同行评审的论文。（更多的信息和讨论参见章节5.1关于同行评审。）

2. 开放存取并不试图修正、违反或废除版权。开放存取与版权法是不冲突的。当然，开放存取也能从版权法的改革中受益（事实上许多专业人士热心于版权法的改革工作）。但是，实施开放存取并不需要等待版权法的改革。OA文献可以像付费获取文献避免版权纠纷一样避免版权纠纷。对于年代久远（已经超过版权保护期限）的文献，利用公共领域的方式；对于较新（尚处在版权保护期限内）的文献，则依赖于版权持有人的同意。（更多的信息和讨论参见第4章关于政策和第6章关于版权。）

3. 开放存取并不试图吞食作者的版税收入。OA运动之所以聚焦于研究论文，就是因为出版商不需要为研究论文支付版税。对于任何一部作品（不管是研究论文还是其他类型的文献），如果尚处于版权保护期限内，将其变成OA资源必须征得版权持有人的同意。因此，对于希望赚取版税的作者来说，没有什么可值得担心的。他们唯一会碰到的问题就是别人会努力说服他们，告诉他们开放存取所带来的好处会超过失去版税所带来的风险。（更多的信息和讨论参见章节5.3关于为图书提供OA服务。）

4. 开放存取并不试图否定存在出版成本的事实。从来没有一位OA倡导者声称OA出版是不需要成本的，尽管许多人都认为相对于传统出版的文献（甚至是付费获取的原生数字文献），OA文献的出版成本要低廉。所以，问题的关键不是说是否可以让文献的出版变得不需要成本，而是说是否存在比读者付费模式更好的方式，以此来弥补出版成本。（更多的信息和讨论参见第7章关于经济问题。）

5. 开放存取并不试图降低作者对自己作品的版权控制。相反，是否将自己的作品变成OA资源完全取决于作者本人的意愿。跟基于传统出版合同的框架下所发生的情况相比，开放存取要求作者对自己的作品拥有更多的版权或更大的版权控制权。开放存取的战略之一就是让作者保留版权（包括使作品成为OA作品的权利）。相反，传统的期刊出版合同往往要求作者把所有的版权都转让给出版商。（请参考第4章关于政策和第6章关于版权。）

> **专有术语**
>
> 我们可以谈及自发 OA（vigilante OA），侵权 OA（infringing OA），盗版 OA（piratical OA），或者未征得版权持有人同意的 OA（OA without consent）。这种类型的开放存取违反了版权，并剥夺了希望赚取版税的作者的版税收入。但是，我们也可以谈及自发出版（vigilante publishing），侵权出版（infringing publishing），盗版出版（piratical publishing），或者未征得版权持有人同意的出版（publshing without consent）。不管对于开放存取，还是出版，这些类型的现象都有可能发生。但是，当我们谈及"出版"这个术语的时候，我们默认的是"合法出版"行为；为了描述非法出版行为，通常会添加一些特定的形容词。同样的道理，我也把"开放存取"这个术语作为"合法 OA"的行为来使用，所谓"合法 OA"就是指已经征得相关版权人的同意。

6. 开放存取并不试图降低学术的自由程度。学者仍然拥有根据自己的意愿将作品提交给不同期刊的自由。比如说，对于选择申请某项科研基金的科研人员而言，OA 政策也是有条件地要求科研人员将自己的作品提交给不同的期刊。而且，这些政策通常存在例外原则或不强求执行选项或两者兼有。自从 2008 年以来，大多数大学 OA 政策都被大学教师接受和采纳。作为一个特定群体，这些大学教师往往不愿意放弃自己的权利，相反，他们会努力争取更多的权利。（参见第 4 章关于政策。）

7. 开放存取并不试图放松反对剽窃的规定。所有关于开放存取的公共宣言都支持要注明作者的贡献，甚至把这个条件解释为对用户使用的"限制条件"。所有主要的开放许可证也都要求注明作者的贡献。而且，对于个人的剽窃行为的惩罚通常是由剽窃者所在单位执行，而不是由法院执行的。也就是说，剽窃行为是受社会规范而非法律管制的。因此，即使法律上并没有要求用户一定注明原作者的贡献，剽窃行为仍然是应该受到惩罚的"罪行"，世界上没有哪项 OA 政策会干涉有关机构对用户的这种惩罚行为。不管怎样，如果说把文献数字化并搬上网络使得剽窃更容易实施的话，那么就可以断定开放存取也能使我们更加容易地检测剽窃行为。不是所有的剽窃者都是聪明的，但是聪明的剽窃者显然不会盗用被每个搜索引擎索引的OA资源。从这个意义上看，开放存取反而是有助于制止剽窃行为的。[11]

8. 开放存取并不试图惩罚或破坏传统出版商。开放存取的努力目标是服务于科学研究、科研人员和科研机构的利益。这个目标是建设性的，而非破坏性的。如果开放存取最终确实伤害了付费获取出版商的利益，那么这种破坏作用等同于个人电脑的发展伤害了打字机生产商的利益。这种所带来的破坏作用不是目标本身，而是在试图发展更好的出版模式过程中所带来的副作用。而且，从本质上来讲，开放存取并没有挑战出版商或出版行业，它只是出版的一种商业模式而已。相对于打字机生产商要适应个人电脑的发展，传统出版商适应开放存取要容易得多了。事实上，大多数付费获取出版商已经在适应开放存取，包括允许作者选择以OA模式发表自己的论文、自身也提供某种形式的OA服务，或者积极试验OA模式以验证其可行性。（参见章节3.1关于绿色OA和第8章关于严重影响。）[12]

9. 开放存取并不要求抵制任何类型的文献或出版商。开放存取不要求我们抵制付费获取研究文献，就像免费的在线新闻并不抵制收费的在线新闻一样。开放存取没有要求我们把付费获取文献从个人的阅读书单、课程大纲或个人图书馆中统统删除。有些支持开放存取的学者决定把撰写的论文单单提交给OA期刊，或者只是愿意为OA期刊担任编辑或评审人员，这实际上是以作者、编辑和评审人员的身份在抵制付费获取期刊。但是学者的这种选择并不是由开放存取的内涵或任何OA政策所强加的，大多数支持开放存取的学者仍然继续与付费获取期刊合作。无论如何，甚至是以作者、编辑、评审人员身份在抵制付费获取期刊的学者并不一定会以读者的身份抵制它们。（这里我们没有必要把自己陷入复杂的讨论中，事实上导致读者抵制期刊的行为的主要原因是有些付费获取期刊制定的价格超过了读者所能承受的能力范围。）

10. 开放存取并不是主要为非专业读者争取获取文献的权限。显然，OA运动主要致力于为专业科研人员争取获取文献的权限，这些专业人士的职业发展在很大程度上依赖于对文献的获取权限。但是，我们没有必要去区别哪些用户是OA运动的主要服务对象，哪些用户是OA运动的非主要服务对象。来自商业出版界的游说团有时声称开放存取的主要受益群体是非专业读者，他们这么说也许是不想承认许多专业人士缺乏文献获取权限的事实，也许是为了抛出另外一种自以为是的观点——非专业读者压根不会去阅读研究性文献，即使他们去读了，也读不明白的。事实上，开放存取是希望为拥有网络连接设备同时又有文献需求的任何读者提供获取服务，而不管他们是否为专业人士，也不管他们获取文献的目的是什么。如果我们把读者区分为"专业科研人员"和"其他任何人"这两大类型，毫无疑问，在前者中希望获取研究性文献的读者比例更高（虽然有许多专业科研人员已经通过他们所在机构为获取文献支付费用了）。但是，做这样的区分实在是没有必要，也没有任何意义，尤其是在当为所有的网络用户提供 OA 服务要比为部分网络用户提供 OA 服务反而更加廉价更加容易的情况下。

如果来自纽约市区和新泽西的市民都可以享受在纽约港口为庆祝美国国庆节（7月4日）燃放的烟花的话，那么主办方就没有必要非得区别哪个人群是这次燃放烟花的主要受益群体，即使一项简单的调查就可以指出在哪个人群中欣赏这次烟花的人数更多。如果这个类比不是很合适的话，也是因为不能看到烟花的新泽西市民并不能从看到烟花的纽约市民那里再获取什么；但是研究成果却可以提供这种双份的好处或者间接的好处。当然，如果 OA 研究成果能直接受益非专业读者的话，那就更好了。但是，如果 OA 研究成果不能直接受益非专业读者的话，它仍能通过直接受益科研人员进而间接使每个人都得到好处。（参见章节 5.5.1 关于为非专业读者提供的获取服务。）

11. 最后，开放存取并不是通用存取。即使我们成功地移除了价格障碍和许可障碍，仍然可能存在其他四种获取障碍。

• *过滤和审核障碍*。许多学校、公司、内容服务提供商和政府都希望对用户能看到的内容有所限制。

• *语言障碍*。大多数的网络文献都是以英文撰写的，或者以其他单一语言撰写的；与此同时，目前机器翻译效果仍然不甚理想。

• *生理访问障碍*。大多数的网站对于残疾用户都是不可访问的。

• *物理连接障碍*。数字鸿沟使得大量的用户不能使用互联网（其中也包括学者型用户），或者用户使用的只是速度缓慢、运行不稳定的低宽带网络连接服务。

我们大多数人希望也能移除这四种获取障碍。但是我们没有理由把这四类获取障碍也放在"开放存取"这一概念的外延中。在爬向通用存取这座高峰的漫漫长途中，移除价格障碍和许可障碍是一座非常重要的"高原"，我们很有必要为这座"高原"单独命名。

参考文献

[1] "布达佩斯开放存取倡议",颁布时间为 2002 年 2 月 14 日(备注:我是该倡议的主要起草人)。网址:http://www.soros.org/openaccess;

"关于开放存取出版的贝赛斯达宣言",颁布时间为 2003 年 6 月 20 日。网址:http://dash.harvard.edu/bitstream/handle/1/4725199/suber_ bethesda.htm?sequence = 1。

"对科学和人文领域知识开放存取的柏林宣言",颁布时间为 2003 年 10 月 22 日。网址:http://oa.mpg.delangen – uk/berlin – prozess/berliner – erklarung

[2] 关于开放存取在过去几十年的发展资料,请参考我从 2003 年开始撰写的关于开放存取发展的年度评论,网址是:http://dash.harvard.edu/bitstream/handle/1/4736588/suber_ oa2010.htm?sequence = 1;http://dash.harvard.edu/bitstream/handle/1/4322584/suber_ oa2009.html?sequence = 1;http://dash.harvard.edu/bitstream/handle/1/4322588/suber_ oa2008.html?sequence = 1;http://dash.harvard.edu/bitstream/handle/1/4322582/suber_ oa2007.html?sequence = 1;http://dash.harvard.edu/bitstream/handle/1/4729246/suber_ oa2006.htm?sequence = 1;http://dash.harvard.edu/bitstream/handle/1/4729244/suber_ oa2005.htm?sequence = 1;http://dash.harvard.edu/bitstream/handle/1/4729243/suber_ oa2004.htm?sequence = 1;http://dash.harvard.edu/bitstream/handle/1/4729242/suber_ oa2003.htm?sequence = 1;

[3] 这个章节内容主要是引用我之前发表的几篇文章,包括:

《开放存取概览》(Open Access Overview),网址:http://dash.harvard.edu/bitstream/handle/1/4729737/suber_ oaoverview.htm?sequence = 1;

《通过开放存取创造知识共享机制》(Creating an Intellectual Commons through Open Access),这篇文章收录在由夏洛特·赫斯(Charlotte Hess)和埃莉诺·奥斯特罗姆(Elinor Ostrom)编辑的图书《将知识理解为共同资源:从理论到实践》(Understanding Knowledge as a Commons:From Theory to Practice)。该书由麻省理工学院出版社于 2006 年出版。网址:http://dash.harvard.edu/bitstream/handle/1/4552055/suber_ intellectcommons.pdf?sequence = 1

《科研人员对于开放存取需要了解的六件事情》(Six things that researchers need to know about open access),发表在《SPARC 开放存取新闻通讯》(SPARC Open Access Newsletter)2006 年 2 月 2 日。网址:http://dashharvard.edu/bitstream/handle/1/4739013/suber_ sixresearchers.htm?sequence = 1

我对理查德．波因德（Richard Poynder）采访问题的回答：《开放存取基本知识：向彼得．萨伯的采访录》（The Basement Interviews：Peter Suber），发布于 2007 年 10 月 19 日。网址：http：//poynder. blogspot. com/2007/10/basement – interviews – peter – suber. html

［4］关于学术期刊的起源，请参考吉恩．克劳德（Jean – Claude Guédon）撰写的《在奥尔登堡的影响下：图书馆员、科学家、出版商和对科技出版的控制》（In Oldenburg's Long Shadow：Librarians, Research Scientists, Publishers, and the Control of Scientific Publishing），由研究型图书馆协会于 2001 年出版。网址：http：//www. arl. org/resourcespubsmmproceedings/138guedon. shtml

学术期刊为某些撰写研究论文的作者支付稿酬。关于这些例外，请参考《在为作者支付稿酬时的开放存取》（Open access when authors are paid），该文发表在《SPARC 开放存取新闻通讯》（SPARC Open Access Newsletter）2003 年 12 月 2 日。网址：http：//dash. harvard. edu/bitstream/handle/1/4552040/suber_ paid. htm? sequence = 1

也请参考邵菊芳（Jufang Shao）和沈惠云（Huiyun Shen）撰写的《中国学术论文的外流》（The Outflow of Academic Papers from China），发表在《学术出版》（*Learned Publishing*）第 24 卷第 2 期（2011 年 4 月）。网址：http：//dx. doi. org/10. 1087/20110203

［5］如果你要了解更多的信息，请参考《开放存取、市场和使命》（Open access, markets, and missions），发表在《SPARC 开放存取新闻通讯》（*SPARC Open Access Newsletter*）2010 年 3 月 2 日。网址：http：//dash. harvard. edu/bitstream/handle/1/4322590/suber_ oamarkets. html? sequence = 1

［6］请参考斯蒂夫．希契科克（Steve Hitchcock）撰写的《开放存取和下载量对论文被引的影响》（The Effect of Open Access and Downloads（'Hits'）on Citation Impact：A Bibliography of Studies），出处是开放引文项目（the Open Citation Project）网站，该内容处于持续更新状态。网址：http：//opcit. eprints. org/oacitation – biblio. html

也请参考阿尔玛．斯沃恩（Alma Swan）的技术报告，该报告提供了从 2001 年至 2010 年这十年期间所有大型调查的研究结论。《开放存取引文优势：相关研究及其发现》（Open Access Citation Advantage：Studies and Results to Date），该技术报告由南安普顿大学电子与计算机科学学院于 2010 年 8 月发布。网址：http：//eprints. ecs. soton. ac. uk/18516

也请参考本．瓦格纳（Ben Wagner）撰写的《开放存取引文优势：附有注释的参考清单》（Open Access Citation Advantage：An Annotated Bibliography），该文发表于《科技图书馆问题研究》（Issues in Science and Technology Librarianship）2010 年的冬

季刊。网址：http：//www. istl. org/10 - winter/article2. html。摘录部分内容如下：

虽然对存在这种相关性（开放存取与被引次数）还没有很好的解释理由，这份参考清单引用了大量旨在检验外部因素假设的研究。相对于付费获取论文，OA 论文的被引次数要多得多。相关研究表明 OA 论文的这种下载优势完全压倒付费获取论文。不言而喻，这种明显的下载优势在某种程度上最终将会影响论文的被引次数……

在持续的争论中，焦点之一是这种相关性对作者的自我选择以及存储决策到底有多大的影响。由菲利普．戴维斯（Philip Davis）于 2010 年 12 月份开展的一项研究倾向于否定开放存取的引文优势，并通过使论文随机成为 OA 论文和付费获取论文的方式试图排除作者自我选择的偏见，结果表明：相对于付费获取论文，OA 论文的下载量确实更高，但是被引量不一定更高。由亚辛．加尔古列（Yassine Gargouri）、斯蒂文．哈纳德（Stevan Harnad）及其同事于 2010 年 10 月份开展的一个研究则倾向于肯定开放存取的引文优势，从而排除作者自我选择的偏见。他们认为开放存取具有引文优势，正如相对于自愿存储的情境下，在强制存储的情境下作者的自我存储比例会明显提高。

请参考菲利普．戴维斯（Philip M. Davis）撰写的《开放存取扩展了读者数量，提高了论文被引数量？对 APS 期刊论文进行的随机试验》（Does Open Access Lead to Increased Readership and Citations? A Randomized Controlled Trial of Articles Published in APS [American Physiological Society] Journals），发表于《心理学家》（The Physiologist）第 53 卷第 6 期（2010 年 12 月）。网址：http：//www. the - aps. org/publications/tphys/2010html/December/open_ access. htm

也请参考加尔古列（Gargouri）等人撰写的《自我选择还是强制执行，开放存取为高质量研究提高引文影响力》（Self - Selected or Mandated, Open Access Increases Citation Impact for Higher Quality Research），发表于《PLoS ONE》2010 年 10 月 18 日。网址：http：//dx. doi. org/10. 1371/journal. pone. 0013636

[7] 请参考哈纳德（Harnad）在"美国科学家开放存取论坛"2007 年 3 月份讨论列表中使用的这个类比。网址：http：//users. ecs. soton. ac. uk/harnad/Hypermail/Amsci/6199. html

[8] 提姆．奥莱利（Tim O'Reilly）的论文《盗版是先进的税收方式及其他关于在线传播演变的思考》（Piracy is Progressive Taxation, and Other Thoughts on the Evolution of Online Distribution），发表在《O'Reilly P2P》2002 年 12 月 11 日。网址：http：//openp2p. com/lpt/a/3015

[9] 布达佩斯开放存取倡议"，颁布时间为 2002 年 2 月 14 日（备注：我是该倡议的主

要起草人)。网址:http://www.soros.org/openaccess

[10] 该章节引用了我之前的两篇文章。

《开放存取概述》(Open Access Overview),网址:http://dash.harvard.edu/bitstream/handle/1/4729737/suber_ oaoverview.htm?sequence=1;

《澄清对开放存取误解的参考指南》(A field guide to misunderstandings about open access),发表于《SPARC 开放存取新闻通讯》(SPARC Open Access Newsletter) 2009 年 4 月 2 日,网址:http://dash.harvard.edu/bitstream/handle/1/4322571/suber_ fieldguide.html?sequence=1

[11] 该章节引用了我之前的两篇文章。《开放存取与学术质量》(Open access and quality),发表于《SPARC 开放存取新闻通讯》(SPARC Open Access Newsletter) 2006 年 10 月 2 日,网址:http://dash.harvard.edu/bitstream/handle/1/4552042/suber_ oaquality.htm?sequence=1

《平衡作者和出版商的版权》(Balancing author and publisher rights),发表于《SPARC 开放存取新闻通讯》(SPARC Open Access Newsletter) 2007 年 6 月 2 日,网址:http://dash.harvard.edu/bitstream/handle/1/4391158/suber_ balancing.htm?sequence=1

[12] 欧洲数字进展委员会(the European Commission for the Digital Agenda)副主席尼利·克洛斯(Neelie Kroes)在 2010 年 12 月份的一次演讲中提到,"开放存取的美妙之处在于它不会反对或攻击任何人。它的目标是推动知识的自由流动。"网址:http://europa.eu/rapid/pressReleasesAction.do?reference=SPEECH/10/716&format=HTML&aged=0&language=EN&guiLanguage=en

第 2 章　动机

2.1　作为解决问题的开放存取[1]

目前的学术传播系统存在许多问题，开放存取是解决这些问题的方案之一。这里我将列出 15 个方面，对于科研人员和科研机构来说，致力于传播同行评审论文的学术传播系统当前在这些方面都已经严重失效（尽管这种学术传播系统能够给规模最大的传统出版商带来巨额利润）。开放存取能够为某些特定人群带来希望，这份清单主要是为他们提供的。

1. 我们面临学术期刊的价格危机。在过去的四十年中，期刊订阅价格的涨幅远远超过通货膨胀率和图书馆的经费增长率。期刊订阅价格的涨幅是医疗服务价格的涨幅的两倍。对于大多数人来说，这是一个不能承受的价格。我们所处的时代不再是一个可以控制破坏的时代，我们已经进入所谓的破坏时代了。[2]

2. 当大多数同行评审刊都是付费获取期刊的时候，价格危机势必造成获取危机。在开放存取崛起之前，所有的同行评审刊都是付费获取期刊，甚至在今天仍然有四分之三左右的同行评审刊是付费获取期刊。[3]当订阅者以取消订阅的方式回击期刊定价过高现象的时候，获取途径自然就减少了。可以说，取消期刊订阅的做法在缓和一个问题的同时却加剧了另外一个问题的恶化。研究型信息网络（Research Information Network）在 2009 年末开展了一次调查研究，结果发现 40% 的科研人员至少每周碰到一次获取文献的障碍，三分之二的科研人员至少每个月碰到一次获取文献的障碍。大约 60% 的被调查者认为这种文献获取障碍阻碍了他们的研究工作，18% 的被调查者进而认为这种阻碍是非常明显的。[4]

3. 甚至是世界上最富有的学术图书馆也面临着严重的文献获取鸿沟。当哈佛大学文理学院的教师在 2008 年 2 月投票一致通过强制性 OA 政策的时候，斯图亚特·什尔博（Stuart Shieber）教授解释说多年累积的价格涨幅已经使哈佛图书馆不得不出于经费原因而"取消订阅期刊"。[5]

文献获取鸿沟问题在其他富有的大学中也很糟糕，更不用说在发展中国家了。2008年，哈佛大学订阅的期刊数量为98900种，耶鲁大学订阅的期刊数量为73900种。印度科学院图书馆（印度政府资助额最大的图书馆）订阅的期刊数量为10600种。撒哈拉非洲国家的几所大学根本没有订阅期刊，除了少数出版商捐赠的期刊外，他们的科研人员无法获取其他的期刊。[6]

4. 规模最大的出版商通过将成千上百份需求量不一的期刊（有些期刊的需求量大，有些期刊的需求量小）捆绑成为"大宗交易"包，有效降低了图书馆的议价能力，进而最大程度地降低了图书馆取消订阅期刊的可能性。诚然，大宗交易模式可以使图书馆获取相对之前更多的期刊品种，降低每种期刊的平均价格。但是，如果图书馆打算取消那些质量低下或者本地使用量不大的期刊，出版商就会提高其他期刊的价格。大宗交易模式使得图书馆根本无法通过取消部分期刊订阅的方式来节省支出。在这种情况下，图书馆通常只有两个选择：要么取消所有的期刊订阅，要么保留所有的期刊。

大宗交易包是出版商精心设计的，囊括的种类很多，订阅机构不是说取消就可以轻易取消的。因此，出版商可以不依据期刊成本、规模、使用量和学术质量而任意提高期刊的定价水平。如果没有大宗交易模式，图书馆就可以采取大规模取消期刊订阅的方式对期刊的价格危机作出回应。借助大宗交易模式，出版商甚至可以保护二流期刊（使它们不受取消订阅的威胁），确保他们的商业利润，并把这种灾难转移给了图书馆的经费预算。[7]

尽管开放存取给传统出版商所带来的影响越来越明显，但是规模最大的期刊出版商赚取的利润比最大的石油公司的利润仍然要高。2010年，爱思维尔期刊部的利润率为35.7%，而埃克森美孚的利润率为28.1%。[8]

大宗交易模式吞食了图书馆的所有经费，损害了那些由非营利性出版商出版的、不在大宗交易包范围内的期刊的利益。对于科研人员来说，这显然进一步恶化了业已存在的问题。因为出自小型出版商的期刊往往比受大宗交易模式保护的期刊质量更高，同时更有学术影响力（更多的信息和讨论参见下面的第11点）。

另外，大多数的大宗交易都包括机密条款，禁止大学公开他们向出版商支付的价格。其结果就是进一步地降低了图书馆的议价能力和期刊买卖的价文献获取鸿沟问题在其他富有的大学中也很糟糕，更不用说在发展中国家了。2008年，哈佛大学订阅的期刊数量为 98 900 种，耶鲁大学订阅的期刊数量为 73 900 种，印度科学院图书馆（印度政府资助额最大的图书馆）订阅的期刊数量为 10 600 种。

格竞争力。2009年,三家大学共同启动了大宗交易合同项目(Big Deal Contract Project),根据政府开放记录的法律条款要求出版商在与公立大学签署买卖合同的时候公开合同文本。爱思维尔曾经就此事诉诸法院,希望不用公开与华盛顿州立大学的合同文本,但最后失败了。[9]

5. 在过去的几十年中,期刊价格的涨幅一直超过通货膨胀率和图书馆经费的增长率,因此图书馆不得不降低图书的经费预算,以此用来支付期刊的订阅费用。根据詹姆士·麦克弗森(James McPherson)的说法,"在1986年,学术型图书馆将44%的经费预算花在图书的订阅上,剩余56%的经费预算花在期刊的订阅上。到了1997年,这种不平衡的差距进一步拉大,前者的比例降低至28%,后者的比例则提升到72%。"由于学术型图书馆购买的图书越来越少,学术图书出版商出版的书稿也越来越少。造成的结果之一就是原先集中在自然科学领域的期刊危机延伸到人文领域的专著危机。[10]

6. 对电子期刊的获取限制不仅导致了价格危机,而且导致了许可危机。对于出版付费获取网络期刊的出版商来说,对用户复制和传播论文的自由进行限制是有商业理由的(即使这么做使得用户对期刊所拥有的权利比印本时代所拥有的版权更少了)。但是这些商业理由却为图书馆和图书馆用户带来了严重的后果。

这里谈一下其中的一个后果。当图书馆付费订阅电子期刊的时候,他们并没有因此拥有期刊的数字复本,而只是在一定时期内租用了这些电子期刊。如果他们取消对期刊的订阅,就不能访问之前订阅的卷期了。如果图书馆在没有征求对方的许可或支付额外费用的前提下就出于永久保存的目的而持有期刊复本,那么他们就侵犯了出版商的版权。其结果就是把保存资源的任务推向出版商,但出版商并不擅长此道,同时他们在制定保存决策的时候也只是考虑未来市场的潜力。图书馆在没有获得出版商特殊许可的前提下,不能将原先的内容(比如期刊的过刊)迁移到新的媒介和转换为新的格式,以便在技术日新月异的情况下日后还可以阅读这些内容。有些出版商并不允许图书馆通过馆际互借的方式直接共享电子论文,而是要求他们首先要打印电子论文,然后扫描论文的打印版,最后再把打印版借给其他图书馆的用户。图书馆必须与出版商协商期刊的价格和使用条款,通常需要签署保密协议并保留复杂的条款(这些条款每家出版商都不尽相同,每年也都不尽相同)。图书馆必须控制不同用户类型(包括在校内的师生、在校外的师生以及访问学者等）的访问权限。图书馆必须通过密码、IP 地址、使用时间、机构附属单位、物理地址等方式对并发用户数量进行限制。图书馆必须启动认证系统和管理代理服务器。图书馆必须规定合理使用的范畴，不至于每次使用之前都需要获取对方的许可。图书馆必须向用户解释网络跟踪器和事先注册使得在用户提交咨询的时候很难保持匿名状态，也需要向用户解释有些在法律上允许的使用方式从技术的角度是不被允许的。

我主要是从图书馆的角度（而非个体用户的角度）给出这份列表，因为价格危机几乎已经使个体订阅现象销声匿迹了。付费获取期刊的大多数订阅顾客都是图书馆，而付费获取期刊的大多数授权访问读者也都是图书馆用户。[11]

简而言之，虽然科研人员和图书馆把这种方便的在线共享看成是解决期刊危机的一种途径，但是传统出版商把它视为一种潜在的威胁。网络的发展导致了传统出版商和科研人员/图书馆之间的利益差距越来越大。

当然，传统出版商在某些方面也正在适应数字时代。他们把大多数的印刷期刊都转换为电子期刊，[12]甚至抛弃了前者。他们在数字文本中整合了超链接、搜索引擎和提醒服务。越来越多的期刊正在对他们的过刊进行数字化回溯工作，并将文本和数据整合起来。但是，他们最担心的就是这种具有革命意味的创新。这种创新可以使用户不受价格和许可障碍的影响而共享内容，能够快速地解决期刊的价格和许可危机，并使所有的人能够即时享受科研成果所带来的好处。

7. 传统出版商从学术界免费获取他们的核心资产。作者免费提供新的论文及其出版版权。编辑和评审人员免费提供同行评审意见，以提高并认可论文的质量。[13]然后，传统出版商为随后出版的论文收取获取费用，对于参与论文整个出版环节的作者、编辑、评审人员以及他们的机构也不例外。出版商辩护称他们为作者提交的原稿增加了额外价值。确实，出版商为原稿增加了额外价值，这一点没错！但是，其他人员（包括作者、编辑和评审人员等）为论文提供的附加值远远超过出版商。对于受资助的科研项目，资助机构是另外一个非常关键的利益主体。就算科研项目本身的花费是科研成果出版费用的成千上百倍，资助机构同样也需要为自己获取最终出版的论文支付费用。在这五个提供额外价值的利益主体（作者、编辑、评审人员、资助机构和出版商）中，出版商提供的额外价值最少，但通常却拥有科研成果的所有权。

8. 传统出版商所采用的商业模式依赖于设置获取障碍并人为地创造期刊匮乏现象。不管是传统出版商，还是OA出版商，所有的出版商都需要收入来源来弥补自己的出版成本。但是，OA出版商采用的商业模式放弃设置获取障碍，避免了人为地创造期刊匮乏现象。付费获取出版商声称OA商业模式存在很多的弊端。我们可以通过事实来反驳这种说法，比如目前已有7 500种同行评审OA期刊正在寻找各种途径来弥补出版成本，越来越多的营利性OA出版商已经开始盈利，越来越多本来用于资助OA期刊的资金开始被用来资助付费获取期刊。(参见第7章关于经济问题)。

付费获取出版商认为他们的收入来源依赖于设置获取障碍。到了最后，这一点正确与否其实已经不重要了。更深层次的问题在于我们免费提供时间、劳力和公共经费创造了新的知识，然后把研究成果转让给了出版商；而出版商回头却认为他们的收入来源以及他们的生存基础依赖于对用户获取这些知识进行限制。付费获取出版商认为他们必须设置获取障碍来获取收入并弥补自己付出的出版成本。如果出版商的这种看法是正确的话，那么问题就在于我们允许他们成为用户获取大多数同行评审论文的唯一来源。如果出版商的这种看法是错误的话，那么问题就在于我们竟然容忍他们设置这些获取障碍，甚至是针对那些受公共科研资助的科研成果和来自作者的"礼品论文"（即是为影响力而非金钱报酬写作的论文）。

9. 传统出版商经常批评OA项目"干扰市场经济"，但是贯穿于学术出版活动的核心是国家行为、公共资助、礼品文化和反竞争活动。[14]所有的期刊（包括付费获取模式和OA模式的期刊）都受益于公共科研资助。大多数科学研究都是受到公共资助机构的支持，由在公共科研机构工作的科研人员开展和撰写，然后由在公共科研机构工作的评审人员提供评审服务。即使科研人员和评审人员就职于私立大学，他们的科研机构也是受政府支持的（国家免除或减少他们的纳税）。大多数付费获取期刊的订阅对象都是公共科研机构购买，这些机构使用纳税人的钱来支付订阅费用。

最后也是非常重要的一点，出版商通过版权实施对研究论文的控制。版权可谓是政府为出版商创建的一种临时垄断机制。

10. 由于没有其他期刊会发表同样的论文，所以每份学术期刊都是一个天然的迷你垄断产品。这种天然的迷你垄断性质本身没有任何不妥之处。期刊不希望复制其他期刊，自然就会产生这种结果。但是，这也就意味付费获取更深层次的问题在于我们免费提供时间、劳力和公共经费创造了新的知识，然后把研究成果转让给了出版商；而出版商却认为他们的收入来源以及它们的生存基础依赖于对用户获取这些知识进行限制。

期刊彼此之间的竞争对象主要是作者而非订阅者。如果你需要一篇发表在某份期刊上的论文，你就需要获取这份期刊本身。这也是为什么在同一学科领域免费期刊和高定价期刊（即使这两份期刊质量旗鼓相当）可以共存的原因之一。免费期刊并不能将定价昂贵的期刊驱逐出去，甚至不能促使对方降低定价。这种迷你垄断性质减弱了为争夺订阅者而开展的竞争，并因而减弱了市场的反馈力度，否则对期刊质量的下降、使用量的下降和价格的提升就会有相应的惩罚机制或措施。

11. 出版商在期刊具有天然垄断的性质的基础上又增加了几层人为的垄断。一个明显的事实就是相对于小型非营利性出版商，大型营利性出版商对期刊的定价更高，涨幅也更大。但在学术界，人们普遍认为非营利性学会/协会出版的期刊的质量更高、学术影响力更大、也更具有权威性。[15]

12. 大型传统出版商从图书馆那里获取的订阅费用中抽取部分用于市场营销和实施"内容保护"措施。所谓的"内容保护"措施对出版商带来的好处远远大于对用户带来的好处。事实上，这种措施对于用户而言一点用处都没有，反而使得这些文本更加没有使用价值。[16]

13. 传统营利性期刊可以通过降低他们的拒稿率来提高自己的利润率。降低拒稿率事实上就降低了为发表一篇论文而需要评审的论文数量。[17]

14. 大多数大学教师和科研人员都已经意识到自己所在图书馆的文献获取鸿沟问题，却没有意识到导致这种鸿沟的原因所在，也没有意识到这个问题正在变得越来越糟糕。（一个常见的反应就是：我的研究领域和研究课题非常专业，当然图书馆不能提供我所需要的一切文献）。另一方面，图书馆充分意识到了经费预算危机、期刊高价危机、高通货膨胀率危机、大宗交易模式的弊端、出版商的利润率，以及图书馆支付的价格与期刊成本、规模、质量、使用量和影响力之间存在的鸿沟。有些科研人员并没有意识到图书馆所面临的这一切危机，反而又平添了一些新的问题。换言之，这个最关注期刊质量的群体却普遍不关心期刊的价格，简·维尔特罗普（Jan Velterop）曾经把这种现象称之为"猫食（cat food）"购买模式。这滋生了一种非常具有代表性的道德危害——科研人员不需要承担由于他们的偏好所导致的成本，因此也就没有动力调整他们的偏好。这种现象也使得另外一种可以监督高价低质的市场信息也失效了。虽然科研人员凭着自身对开放存取的认识和了解支持开放存取的发展，也有支持开放存取发展的动力，但是他们对图书馆所面临危机非常漠然，因此这些工作繁忙的科研人员并没有积极投身于 OA 运动，没有致力于修正和改革目前这种已经运作不良的学术传播系统。[18]

对于不同的利益主体来说，他们都有动力去从事学术传播体系的修正和改革工作，这本身是个好消息。如果这个系统只是对于购买者（图书馆员）失效了，但对于用户（科研人员）仍然有效，或者相反，那么这项修正和改革工作也就很难启动。或者说，这项工作在帮助一个群体的同时却会伤害另外一个群体的的利益。但是，现在的学术传播系统对于购买者和用户都失效了，这也使得两者成为天然的同盟。[19]

15. 最后，即使没有出版商任意妄为的期刊定价行为，订阅模式或付费获取的商业模式也不能与科研本身的发展或者学术文献的增长保持同步。如果期刊的定价现在是非常低的，并且承诺永远会保持这种低廉定价策略，但是所有文献的总价仍然将呈现指数型增长趋势。让我们看看一所虚拟大学——克罗伊斯大学——的情况。这所大学现在有实力购买所有的文献，换言之，它的馆藏可以覆盖 100% 的现有文献。从这个角度来讲，克罗伊斯大学比现实世界中的任何一所大学的情况都要好。现在我们假定期刊的价格涨幅和克罗伊斯大学图书馆的经费预算增长率永远保持一个水平。为了简化处理，我们假设两者都为零。也就是说，他们一点都不增长。然后我们假定知识的增长率也就是期刊论文的年增长率为 5%，这也是这个行业公认的数字。克罗伊斯大学现在可以覆盖所有的文献；但是，20 年之后，如果希望继续覆盖所有的文献，购买经费就必须是现在的 2.7 倍。60 年之后的购买经费是现在的 18.7 倍，100 年之后的购买经费则是现在的 131.5 倍。但是由于克罗伊斯大学的经费跟现在的经费相当；所以，20 年后该大学对文献的覆盖率就会从目前的 100% 降低到 37.7%，60 年后降低到 5.4%，100 年后则降低到不到 1%。

我们需要一个与研究文献增长相匹配的学术传播系统。但是，订阅模式或付费获取模式使得对文献的获取比例随着科研本身的增长而不断下降，因此两者是负相关关系。[20]

如果我们拥有足够的经费，或者我们所拥有的经费的增长率跟得上文献数量和价格的增长，那么用钱就可以解决文献的获取危机。但是，我们并没有足够的经费，我们所拥有的经费的增长率也跟不上文献的数量和价格的增长。

付费获取出版商并没有从这种获取鸿沟中获益，他们也有自己的理由希望消除这种获取鸿沟。但是他们倾向于利用不太可能会实现的经费解决办法，即使是在大学预算和国家财政受到削减的情况下。克里斯平·大卫（Crispin Davis）在任爱思维尔总裁的时候曾经主张，"政府需要制定条款，规定大学经费用于购置图书和期刊的比例，或者甚至提高购置文献的预算，使大学能够购买所需的所有资源。"[21]

在某种程度上，我们应该相信数理统计数据，而不应该相信为了自身的特殊利益而到处开展的游说。在众多开展数理统计的科研机构中，加利福尼亚大学得出的结论是：毋庸置疑，学术期刊的订阅模式是不可持续的。[22]

2.2 作为把握机会的开放存取[23]

即使我们目前没有非常紧迫的问题需要解决，我们也希望充分借助这一史无前例的数字技术所带来的力量共享科学知识和加速科研进展。但是，我们应该意识到这既是一个很好的机会，又是一个极大的威胁。关于开放存取的很多讨论都过于沉重、过于功利、完全以威胁为导向。其实对开放存取的讨论和评价，我们应该抱以更加愉快的心情、更加好奇的心态、以及以机会为导向的态度。即使再严重、再棘手，问题本身并不会直接排除我们把握机会的可能性。在开放存取方面，目前摆在我们面前的一个最好机会就是如果采用正确的战略行动，我们不仅能够解决上述存在的严重的文献获取危机，而且还能抓住这个机会完善学术传播体系。

现在有很多很好的有利条件。互联网作为一种媒介在期刊的订阅费用攀升到不可承受的地步的时候出现了；互联网在扩大文献发行范围的同时降低了发行成本；电脑在全球网络上的互联使我们能够对任何文档进行完美复制并以零边际成本分发给世界各地的读者。在过去的350年中，学者乐意甚至是迫切地在没有任何经济报酬的情况下发表期刊论文，这使得他们在将自己作品变为OA资源的时候不会丧失任何经济收入。允许对数字文档进行不受限制地获取，也就相当于有效地支持了对它们实现各种各样的发现和处理等技术操作，而这些技术手段对于纸质文本和不能自由获取的数字文档来说是很难实现的。开放存取本身就是符合版权法的，它并不要求人们进行版权改革。既然网络就在我们的指尖，开放存取也就在科研人员和科研机构自身可触范围之内，那么我们其实并不需要等待出版商、立法机构和市场的相关举动。

出版同行评审论文的团队（作者、编辑和评阅人员）本身就可以为经过同行评审的文献提供 OA 服务，如果必要的话，完全可以将顽固的出版商踢出局。对于已经开展行动的科研人员来说，实现完全开放存取的目标远比实现期刊的合理定价更为容易。

一个不太被人们注意到但是更为基本的有利条件是知识具有非竞争性特征（借用经济学的术语）。我们可以不需要分割就可以共享知识，我们可以消费知识而不至于使它变少。我对知识的拥有和使用并不会排斥你对同样知识的拥有和使用。但是有形的商品（比如土地、机器和食物等）都是竞争性产品。如果要共享这些商品，我们必须轮流使用或者指定各自所拥有的份额。汤姆斯．杰斐逊（Thomas Jefferson）在 1813 年写给艾萨克．马菲尔森（Isaac MaPherson）的一封信中非常恰当地描述了这一现象：

如果这个自然界创造了一种比其他任何具有排他性质的资产更不受外界影响的东西，那么这种东西就是被称为"想法"或者"创意"的思考力…它的特性…就是它不会因为他人拥有了一部分而导致另外一些人拥有的数量就会减少。在我这里取得"想法"或"创意"的那个人并不会减少我对这个"想法"或"创意"的拥有。这就好像别人从我这里取得火种去点亮他自己的蜡烛，这一举动并不会减弱我的蜡烛的亮度。[24]

我们很少因为知识是非竞争性的而认为自己有多么的幸运。所有的人都可以掌握同样的创意、故事、曲调、计划、方向和词汇，不会因为一个人去获取知识而会防碍另外一个人去获取同样的知识。另外，言论也是非竞争性的，它也允许我们在不会降低自身所拥有的言论的前提下表达和与他人分享我们的知识。

但是，在数字时代之前的人类历史上，书写一直是具有竞争性的。书写或记录的知识成为了有形载体（比如石头、黏土、毛皮、兽骨和纸张等），而这些有形载体必然是具有竞争性的。甚至是我们进入了拥有印刷复制机器的时代，尽管我们能够以相对低廉的成本制作很多复本，但是每个复本仍然是具有竞争性的有形载体。虽然书写是一种具有革命性意义的创举，但是自它诞生之初就带有这种局限性。我们只能把不具有竞争性的知识记录在具有竞争性的有形载体上。

一个不太被人们注意但是更为基本的有利条件是知识是具有非竞争性特征（借用经济学的术语）。我们可以不需要分割就可以共享知识，我们可以消费知识而不至于使知识变少。我对知识的拥有和使用并不会排斥你对同样知识的拥有和使用。

数字书写是人类历史上第一种不需要把知识附着于具有竞争性的有形载体的书写形式。如果所有的人都拥有适当的设备，每个人就可以拥有同一份数字文档的复本（彼此之间不会相互排斥），因此，我们的复制成本不会翻倍，我们所拥有的资源也不会减少。

我听说物理学家把常温超导的发展前景视为"大自然的礼物"。不幸的是，这种前景似乎遥不可及。但是，数字信息的非竞争性特征是我们已经掌握并付诸实践的"大自然的礼物"。对我们的祖先来说，在不需要竞争性载体的前提下就可以用精确的语言、符号、声音或图像记录知识，这似乎只是个传说而已。但是，我们现在每天都在做这件事情，这种"传说"也日益失去它的神秘色彩，俨然已经成为现实。

对于我们来说，真正的危险不是理所当然地认为知识具备非竞争性特征，而是可能不会充分地利用知识所具备的这种特性。如果我们确实充分利用知识的非竞争特征的话，知识共享的方式将会发生翻天覆地的变化。

如果我们把有价值的作品放在互联网上，并允许每个可以上网的用户免费和不受任何限制地获取这些作品，那么我们就充分地利用了知识的非竞争性特征。但是，如果我们收取费用、设置各类获取障碍、人为地创造资源缺乏现象、对他人必要的使用加以限制，那么我们就像对待具有竞争性特征的有形载体一样对待具有非竞争性特征的数字文档了。换言之，我们没有好好地利用知识所具备的这个有利条件，主动放弃了这份来自大自然的"礼物"。

如果出版商争辩说目前的学术传播系统并不存在获取问题，并主张我们不应该修正或改革"完好无缺"的学术传播系统，那么有两种做法可供参考。第一种做法是告诉他们事实并非如此。目前的学术传播系统存在严重的获取问题。没有真正意识到这个问题的出版商应该与订阅他们期刊的图书馆开展对话，甚至更应该与没有订阅他们期刊的图书馆开展对话。第二种做法是完全把这种争吵放在一边，毕竟我们还有其他很好的理由促使我们继续开展开放存取运动和实施开放存取模式。[25]

参考文献

[1] 该章节引用我之前发表的几篇文章。

《为科研移除障碍：向图书馆员介绍开放存取》(Removing the Barriers to Research: An Introduction to Open Access for Librarians)，发表在《大学和研究型图书馆新闻》

(College & Research Libraries News) 第64期（2003年2月），页码是92-94页以及113页。网址：http://dash.harvard.edu/bitstream/handle/1/3715477/suber_crln.html? sequence =5

《大规模的辩论》（The scaling argument），发表于《SPARC开放存取新闻通讯》（*SPARC Open Access Newsletter*）2004年3月2日，网址：http://dash.harvard.edu/bitstream/handle/1/4723859/suber_scaling.htm? sequence =1

《问题与机遇》（Problems and opportunities: blizzards and beauty），发表于《SPARC开放存取新闻通讯》（SPARC Open Access Newsletter）2007年7月2日，网址：http://dash.harvard.edu/bitstream/handle/1/4727450/suber_problem sopps.htm? sequence =1

《旨在毁坏NIH政策的一项提案》（A bill to overturn the NIH policy），发表于《SPARC开放存取新闻通讯》（*SPARC Open Access Newsletter*）2007年10月2日，网址：http://dash.harvard.edu/bitstream/handle/1/4322592/suber_nihbill.html? sequence =1

[2] 在过去的二十年中（从20世纪80年代中期到21世纪头一个十年中期），付费获取期刊的价格涨幅是同一时段通货膨胀率的2.5倍。数据来源：由研究型图书馆协会发布的《ARL图书馆的专著和期刊经费支出：1986-2004》，网址：http://www.arl.org/bm~doc/monser04.pdf

在2010年6月，马克．鲍尔莱因（Mark Bauerlein）和其他四位合作者指出，"从1978年到2001年，加州大学洛杉矶分校图书馆的报刊订阅费用成本上涨了13倍。"网址：http://chronicle.com/article/We-Must-Stop-the-Avalanche-of/65890

在1986年到1999年期间，"连续出版物的订阅成本平均年增长率为9%，而图书馆用于购置资源的年度经费平均增长率只有6.7%。"在同一时期，期刊的单位价格上涨了207%，而卫生医疗的成本上涨率只有107%。请参考来自加州大学图书馆预算计划中的关于学术传播的常见问题解答列表，网址：http://www.ucop.edu/copyright/2003-02-27/faq.html，访问时间为：2003年2月29日。

如果你希望了解每份期刊的价格，请参考"MIT高价期刊列表：当前MIT每年用于期刊订阅的费用已经超过5000美元"（MIT's Expensive Journals List: Current MIT subscriptions costing more than \$5,000/year），该内容上次更新的时间为2009年7月16日。网址：http://web.archive.org/web/20101030035020/http://libraries.mit.edu/about/scholarly/expensive-titles.html

如果你希望了解期刊价格以及各个学科领域期刊平均价格的最新调查资料，请参考史蒂芬．博施（Stephen Bosch）、基蒂．亨德森（Kittie Henderson）和希瑟．克鲁森道夫（Heather Klusendorf）合作撰写的《2011 年期刊价格调查：压力重重，环境正在变化》(Periodicals Price Survey 2011：Under Pressure，Times Are Changing)，该文发表于《图书馆杂志》(Library Journal) 2011 年 4 月 14 日。该文向读者展示了期刊价格还在持续攀升（价格涨幅仍然高于通货膨胀率），图书馆用于订阅期刊的经费则有所下降（不只是说它的增长率低于通货膨胀率）。网址：http：//www.libraryjournal.com/ljhome890009 – 264/periodicals ＿ price ＿ survey ＿ 2011 ＿ under.html.csp

[3] DOAJ（OA 期刊列表）。网址：http：//www.doaj.org；大多数观察家估计在所有学科领域大约有 25000 份同行评审期刊（包含所有的语种），OA 期刊大约占 26% 的比例。有证据表明 OA 期刊每年出版的平均论文数量少于付费期刊出版的数量，因此，OA 论文占所有同行评审论文的比例还要低于 26%。如果我们在由 OA 期刊出版的同行评审论文的基础上加上由付费获取期刊出版但允许作者存储在 OA 知识库中的同行评审论文，这个比例会有所上升。

[4] 参考《克服障碍：获取研究性信息内容》(overcomming Barriers：Access to Research Information Content)，该文表在《研究性信息网络》(Research Information Network) 网站，时间为 2009 年 12 月，网址：http：//www.rin.ac.uk/our – work/using – and – accessing – information – resources/overcoming – barriers – access – research – information

[5] 参考罗宾．皮克（Robin Peek）撰写的《哈佛教员采纳强制性 OA 政策》(Harvard Faculty Mandates OA)，发表在《今日信息》(*Information Today*) 2008 年 4 月 1 日。网址：http：//www.allbusiness.com/legal/contracts – law – licensing – agree ments/8957081 – 1.html

这是来自斯图亚特．什尔博（Stuart Shieber）的原话，"在哈佛，期刊的重复订阅现象一直存在，但是我们已经启动取消期刊订阅的相关行动。图书的购置业务也受到实质性的影响。总的来说，我们的教师已经感受到可以获取的文献数量在减少。"网址：http：//dash.harvard.edu/bitstream/handle/1/4322590/suber＿oamarkets.html?sequence = 1

哈佛大学图书馆是世界上最大的学术型图书馆，每年的经费预算也位居学术型图书馆榜首。但是，请参阅《哈佛杂志》(*Harvard Magazine*) 2010 年 1 – 2 月期发表的一篇文章《行走在边缘的图书馆》(Libraries on the Edg)，"图书馆在过去的十年中一直备受经费预算的压力，去年尤其明显，这严重影响了这家全球规模最大的私立图书馆收集文献的能力，其收集文献的能力已大不如从前了……"。图书馆馆长罗伯特．达恩顿（Robert Darnton）先生提到哈佛图书馆在去年购置的文献数量已大不如从前，并把这种情况描述为"危机"。网址：http：//harvardmagazine.com – 01/

harvard – libraries – under – pressure

[6] 我引用的这几个数据来自个人跟相关图书馆员的私人咨询。不幸的是，很难获取图书馆订阅同行评审刊的数据，目前这几个数据都笼统地指向图书馆订购的期刊数量。

[7] 由于采纳大宗交易模式，北美学术型图书馆在过去二十年中（20世纪80年代中期至21世纪头一个十年的中期）订阅的学术期刊数量增长了42%，但是图书馆用于这些期刊订阅的支出上涨了273%，或者说是同期通货膨胀率的将近4倍。数据来源：由研究型图书馆协会发布的《ARL图书馆的专著和期刊经费支出：1986 – 2004》，网址：http：//www.arl.org/bm~doc/monser04.pdf

也请参考基蒂．亨德森（Kittie Henderson）和史蒂芬．博施（Stephen Bosch）的文章《寻找新的标准：学术期刊价格2010年调查》（Seeking the New Normal：Periodicals Price Survey 2010），发表在《图书馆杂志》（Library Journal）2010年4月15日。"图书馆意识到…在大宗交易包中的顶级期刊的使用量最大，但是使用量不大的期刊因为数量众多占据了整个大宗交易包的大部分成本"。网址：http：//www.libraryjournal.com/article/CA6725256.html

在2010年10月，英国研究型图书馆宣布"除非出版商给予实质性的价格削减，否则它将不会支持未来继续采用大宗交易模式向出版商购买期刊。"网址：http：//www.rluk.ac.uk/content/rluk – calls – journal – pricing – restraint

[8] 参考爱思维尔2010年的财政年度总结。该年度爱思维尔的总收入为20.26亿英镑（大约32.9亿美元），纯利润为7.24亿英镑（大约11.8亿美元），或者说利润率为36%。网址：http：//reports.reedelsevier.comar10business_review/financial_summary.htm

在2010年，埃克森美孚的总收入为3832.21亿美元，纯利润为1078.27亿美元，利润率为28.1%。网址：http：//moneycentral.msn.com/investor/invsub/results/statemnt.aspx？symbol = us%3AXOM

爱思维尔期刊出版业务的利润率高于迪斯尼娱乐业务的利润率，后者为17.7%。网址：http：//moneycentral.msn.com/investor/invsub/results/statemnt.aspx？symbol = DIS

[9] 请参考来自特德．博格斯（Ted Bergstrom）、保罗．库兰特（Paul Courant）和普雷斯顿．迈克菲（Preston McAfee）的大宗交易合同项目。网址：http：//www.econ.ucsb.edu/~tedb/Journals/BundleContracts.html

如果你了解爱思维尔试图阻止华盛顿州立大学发布与它签署的大宗交易合同的情况，请参考研究型图书馆协会（ARL）2009年6月发布的信息。网址：http：//

37

www. arl. orgnewspr/elsevier – wsu – 23jun09. shtml

[10] 参考詹姆斯. 麦克弗森（James McPherson）撰写的《学术出版的危机》（A Crisis in Scholarly Publishing），发表在《视角》（*Perspectives*）2003 年 10 月期。也请参考研究型图书馆协会（ARL）发布的《ARL 图书馆的专著和期刊经费支出：1986 - 2004》（*Monograph and Serial Expenditures in ARL Libraries*, 1986 - 2004）网址：http：//www. arl. org/bm ~ doc/monser04. pdf

在过去的二十年中（从 20 世纪 80 年代中期至 21 世纪头十年度的中期），ARL 图书馆购买的图书数量下降了将近 10%，而用于购买图书馆的经费增长率低于同期通货膨胀率。

[11] 如果你希望了解更多关于许可危机的信息，请参考我的论文《为科研移除障碍：向图书馆员介绍开放存取》（Removing the Barriers to Research：An Introduction to Open Access for Librarians），发表在《大学和研究型图书馆新闻》（*College & Research Libraries News*）第 64 期（2003 年 2 月），页码是 92 - 94 页以及 113 页。网址：http：//dash. harvard. edu/bitstream/handle/1/3715477/ suber_ crln. html? sequence = 5

[12] 在 2011 年 3 月份，STM 出版商国际协会（the International Association of Scientific, Technical & Medical Publishers）估计 96% 的 STM 期刊都有网络在线版，大多数期刊都是传统的付费获取期刊。网址：http：//www. stm – assoc. org/2011_ 04_ 19_ STM_ statement_ on _ licensing_ and_ authors_ rights. pdf

[13] 在 2008 年，研究信息网络（the Research Information Network）通过计算认为，全球各地的科研人员为出版商开展同行评审工作，他们贡献了 19 亿英镑。网址：http：//www. timeshighereducation. co. uk/story. asp？ sectioncode = 26&storycode = 402189

[14] 如果你想了解更多关于出版商的反对意见（认为开放存取干扰了市场经济），请参考《开放存取破坏了同行评审？》（Will open access undermine peer review?），发表于《SPARC 开放存取新闻通讯》（SPARC Open Access Newsletter）2007 年 9 月 2 日。网址：http：//dash. harvard. edu/bitstream/handle/1/4322578/suber_ peer. html? sequence = 1

《开放存取，市场与使命》（Open access, markets, and missions），发表在《SPARC 开放存取新闻通讯》（*SPARC Open Access Newsletter*）2010 年 3 月 2 日。网址：http：//dash. harvard. edu/bitstream/handle/1/4322590/suber _ oamarkets. html? sequence = 1

[15] 西奥多（Theodore）和卡尔. 博格斯（Carl Bergstrom）的研究表明付费获取期刊的价格与学术质量并没有必然的关联。他们的分析表明"通常而言，图书馆为商

业出版机构支付的价格往往是为非营利性学会/协会出版的期刊支付的价格的 4 – 6 倍。这些价格方面的差异并不反映学术期刊之质量的高低。事实上，平均来说，商业出版机构期刊的被引率要低于非营利性学会/协会出版的期刊，后者往往是前者的 5 – 15 倍。"请参考西奥多（Theodore）和卡尔．博格斯（Carl Bergstrom）撰写的《"作者支付"期刊能直接与"读者支付"期刊竞争吗?》（Can 'author pays' journals compete with 'reader pays'?），发表在《自然》（Nature）2004 年 5 月 20 日。网址：http：//www. nature. com/nature/focus/accessdebate/22. html；

西奥多．博格斯（Theodore Bergstrom）和普雷斯顿．迈克菲（Preston McAfee）提出一种计算期刊成本效益的计算公式，用于计算每篇论文的成本和特定期刊的每篇引文的成本。网址：http：//www. journalprices. com；在对数据分析的总结部分，他们指出营利性出版机构为每篇论文和每篇引文收取更多的费用，请参考他们从 2011 年 4 月份以来的数据统计。网址：http：//www. mcafee. cc/Journal/Summary. pdf；http：//www. mcafee. cc/Journal/explanation2010. html；

关于学术期刊的质量，萨利．莫利斯（Sally Morris）在 2005 年对相关研究进行了汇总，"所有的证据都表明，相对于由商业出版机构出版的期刊，由非营利性机构出版的期刊不仅价格低廉，而且质量更高…"参考萨利．莫利斯（Sally Morris）撰写的论文《学术期刊出版的真实成本》（The true costs of scholarly journal publishing），该文发表于《学术出版》（Learned Publishing）第 18 期（2005 年 4 月 2 日），起讫页码为 115 – 126。网址：http：//www. ingentaselect. comrpsvcgi – bin/cgi? ini = xref&body = linker&reqdoi = 10. 1087/0953151053584975

[16] 请参考罗杰．克拉克（Roger Clarke）的《期刊出版替代方案的成本结构分析》（The cost profiles of alternative approaches to journal publishing），发表于《首个周一》（First Monday），发表时间为 2007 年 12 月 3 日。网址：http：//firstmonday. org/ht-bin/cgiwrap/bin/ojs/index. php/fm/articleview2048

[17] 请参考国际投资银行瑞士信贷"第一波士顿"（Credit Suisse First Boston）发布的《STM 期刊行业的财务分析》（financial analysis of the STM journal industry）。发布时间为 2004 年 4 月 6 日。该报告在网络上不能获取。但是，我对该报告的内容进行了梳理和总结，并发表在《SPARC 开放存取新闻通讯》2004 年 5 月 3 日。网址：http：//dash. harvard. edu/bitstream/handle/1/3997172/suber _ news73. html? sequence = 2

付费获取出版商不会就此为自己辩护，但是他们声称收取作者出版费用的 OA 期刊也存在同样的经济问题。我不同意这种观点，请参考我撰写的论文《开放存取与学术质量》（Open access and quality），发表于《SPARC 开放存取新闻通讯》

39

2006 年 10 月 2 日。网址：http：//dash. harvard. edu/bitstream/handle/1/4552042/suber_ oaquality. htm? sequence = 1

[18] 简. 维尔特罗普（Jan Velterop）撰写的论文《开放存取环境下机构用于期刊的花费成本》（Institutional Journal Costs in an Open Access Environment），发表于 *LibLicense*，发表时间为 2006 年 4 月 26 日。网址：http：//www. library. yale. edu/~ llicense/ListArchives/0604/msg00117. html

关于"道德危害"，请参考斯图亚特. 什尔博（Stuart Shieber）的长博文（大致相当于学术论文的篇幅），分别发表于 2011 年 3 月 1 日和 2010 年 7 月 31 日。网址是：http://blogs. law. harvard. edu/pamphlet/2011/03/01/institutional - memberships - for - open - access - publishers - considered - harmful；http：//blogs. law. harvard. edu/pamphlet - 07/31/will - open - access - publication - fees - grow - out - of - control

[19] 虽然所有的开放存取项目都能对科研人员有所帮助，但只有部分的项目通过降低期刊定价和取消期刊订阅的方式对图书馆起到了直接的帮助作用。如果你希望了解更多的信息，请参考《帮助学者和帮助图书馆》（Helping scholars and helping libraries），发表于《SPARC 开放存取新闻通讯》2005 年 4 月 2 日。网址：http：//dash. harvard. edu/bitstream/handle/1/4552051/suber_ helping. htm? sequence = 1

[20] 我第一次使用克罗伊斯大学作为例子是在与理查德. 波因德（Richard Poynder）的采访谈话中。请参考《萨伯：一场没有领导者革命的领导者》（Suber：Leader of a Leaderless Revolution），发表于《今日信息》（Information Today），发表时间为 2011 年 7 月 1 日。网址：http：//www. infotoday. com/it/jul11/Suber - Leader - of - a - Leaderless - Revolution. shtml

也请参考《大规模的辩论》（The scaling argument），发表于《SPARC 开放存取新闻通讯》2004 年 3 月 2 日。网址：http：//dash. harvard. edu/bitstream/handle/1/4723859/suber_ scaling. htm? sequence = 1

[21] 参考克里斯平. 大卫（Crispin Davis）撰写的《科学专著正在逐渐消失》（Science books are vanishing from reach），发表于《卫报》，发表时间为 2005 年 2 月 19 日。网址：http：//education. guardian. co. uk/higher/research/story/0，9865，1418097，00. html

大卫（Davis）认为期刊危机是图书馆经费预算自身的问题，而不是期刊定价的问题所导致的。他的这种观点忽略了：1）即使存在虚拟中的克罗伊斯大学，这所大学也跟不上文献数量的增长；2）现实世界中没有一家图书馆（包括哈佛大学图书馆）跟得上通货膨胀率的增长。

[22] 参考加州大学学术委员会主席劳伦斯. 皮兹（Lawrence H. Pitts）先生撰写的《致

加州大学教师的一封公开信》，时间为 2004 年 1 月 7 日。网址：http：//libraries. universityofcalifornia. edunewsfacmemoscholcomm_ 010704. pdf

[23] 该章节引用了我之前撰写的几篇文章。

《大规模的辩论》（The scaling argument），发表在《SPARC 开放存取新闻通讯》（SPARC Open Access Newsletter）2004 年 3 月 2 日。网址：http：//dash. harvard. edu/bitstream/handle/1/4723859/suber_ scaling. htm? sequence = 1

《问题与机遇：暴风与美景》（Problems and opportunities：blizzards and beauty），发表于《SPARC 开放存取新闻通讯》（SPARC Open Access Newsletter）2007 年 7 月 2 日，网址：http：//dash. harvard. edu/bitstream/handle/1/4727450/suber _ problemsopps. htm? sequence = 1

《开放存取与知识的"最后一英里"问题》（Open access and the last – mile problem for knowledge），发表于《SPARC 开放存取新闻通讯》（SPARC Open Access Newsletter）2008 年 7 月 2 日，网址：http：//dash. harvard. edu/bitstream/handle/1/4322587/suber_ lastmile. html? sequence = 1

《开放存取，市场与使命》（Open access, markets, and missions），发表在《SPARC 开放存取新闻通讯》（SPARC Open Access Newsletter）2010 年 3 月 2 日。网址：http：//dash. harvard. edu/bitstream/handle/1/4322590/suber _ oamarkets. html? sequence = 1

[24] 参考华盛顿（H. A. Washington）编辑的《汤姆斯．杰斐逊的写作》（The Writings of Thomas Jefferson），由美国国会于 1853 – 54 年印刷发行，第 6 卷，第 180 页。

[25] 在 2004 年 5 月《PLoS 医学杂志》（PLoS Medicine）的创办日上，诺贝尔获得者、PLoS 的创始人哈罗德．瓦莫斯（Harold Varmus）说到，"由于互联网以及弥补出版成本的新战略的发展，现在跟来自全球各地的每个有需求的人共享医学研究成果，是完全可行的。既然这样，为什么我们不去做这个事情呢？"网址：http：//www. library. yale. edu/ ~ llicense/ListArchives/0604/msg00038. html

第 3 章　类型

实现开放存取的途径多种多样，包括个人网站、博客、维基、数据库、电子书、视频资料、音频资料、网络广播、论坛、RSS 聚合以及点对点的网络等。[1] 除非人类的创意思维现在就终止了，否则在不远的将来还会出现更多的实现途径。

然而，在当前关于开放存取的讨论中，最为主要的两种实现途径是期刊和知识库。

OA 期刊与非 OA 期刊类似，唯一的区别就是它们可以供用户免费获取。既然 OA 期刊为用户提供免费获取服务，那就得需要一种不同于非 OA 期刊的全新资助模式。至于期刊的其他方面，如果我们希望保持不变的话，一切都可以照旧。有些 OA 期刊非常保守，有些 OA 期刊则有意识地把自己视为一种全新的类别。

跟传统付费获取期刊一样，有些 OA 期刊是一流的高质量期刊，有些也是质量相当差的期刊。跟传统期刊一样，有些 OA 期刊知名度很高，有些 OA 期刊无人知晓；在无人知晓的期刊中，有些质量非常高，有些质量则不太好。有些期刊经费充足、运作良好，有些期刊则在挣扎中生存。同样跟传统期刊一样，大多数期刊都是诚实可信的，部分期刊充斥着虚假信息。

早在 2004 年，汤姆森科技集团就发现"在所调查的每个学科大类中，从引文影响力的角度来看，至少有一份 OA 期刊排在这个学科领域的前列"。自从那个时候以来，高质量和高影响力的 OA 期刊在数量方面得到了很大的发展。[2]

但是，跟付费获取期刊不同，大多数 OA 期刊都是全新的期刊。因为期刊是 OA 模式的，所以它们拥有所有的优势；因为期刊是全新的，所以它们也带有所有的不利因素。对期刊做如此宽泛的判断其实是没有太大意义的。[3] 更准确地说，相当数量的 OA 期刊并没有因为是 OA 模式而拥有所有的优势，原因是它们仍然保留一些没有必要的许可障碍。这一点颇令人失望。（参见章节 3.3 关于免费和自由 OA。）同时，一些期刊也并没有因为自己是全新的期刊而带有所谓的不利因素，这一点倒令人振奋。

跟传统期刊出版商一样，有些OA期刊出版商是营利性的，有些则是非营利性的。同样地，在OA出版领域，只有少数几家大型OA出版商，大多数都是小型OA出版商（尽管相对于规模最大的传统出版商来说，最大的OA出版商其规模也是非常小的）。但跟传统出版商不同的是，处于盈利状态的OA出版商所获取的是适度而非过于离谱的利润率。

OA知识库是论文的在线文库或数据库。不同于OA期刊，OA知识库在传统的学术传播系统中并没有对应物。这也使得OA知识库非常容易被忽视或者被误解。

在默认情况下，存储在OA知识库中的内容是可以供用户免费获取的。但是，现在很多知识库都支持所谓的"模糊存储（dark deposits）"。也就是说，OA知识库中的某些内容在当前是不能免费获取的，但在将来的某一天会转变为OA资源。大多数OA知识库是用来存储经过同行评审的研究论文及其预印本。但是，OA知识库也通常囊括其他类型的内容资源，比如学位论文、数据集、教学课件、该机构库所在图书馆的特定馆藏。对于学者来说，知识库比个人网站更加适合存储和开放自己的作品；因为知识库提供永久的URL地址，实施长期的数字保存措施，当作者变更工作或去世的时候这些内容也不会消亡。

3.1 绿色OA和金色OA

金色OA（gold OA）和绿色OA（green OA）至少在两个基本方面存在差异。

首先，OA期刊和OA知识库在与同行评审的关系方面不太一样。跟传统期刊一样，OA期刊开展同行评审工作。OA知识库则通常不会实施同行评审，尽管它们也存储和传播已经经过同行评审的论文。因此，OA期刊和OA知识库所需的经费支持力度不太一样，两者在学术传播系统中所扮演的角色也不尽相同。

专有术语

OA运动采用"金色OA"这个术语描述通过期刊途径实现的开放存取（不管期刊的运作模式如何），采用"绿色OA"这个术语描述通过知识库途径实现的开放存取。"自我存储（self–archiving）"是指科研人员将自己的作品存储在OA知识库中的行为。这三个术语都是由斯蒂文·哈纳德（Stevan Harnad）创造的。

OA 期刊和 OA 知识库在与同行评审的关系方面不太一样。跟传统期刊一样，OA 期刊开展同行评审工作。OA 知识库则通常不会实施同行评审，尽管它们也存储和传播已经经过同行评审的论文。因此，OA 期刊和 OA 知识库所需的经费支持力度不太一样，两者在学术传播系统中所扮演的角色也不尽相同。

其次，OA 期刊直接从版权持有人那里获取版权或许可，而知识库则要向存储者获取所需的版权或许可。即使存储者是作者本人，他们有可能已经把关键的版权已经转让了出版商。因此，OA 期刊可以许可用户任意使用资源，而 OA 知识库不可以。从这个意义上来看，大多数自由 OA 是金色 OA，尽管大多数金色 OA 还不是自由 OA。（更多的信息和讨论参见章节 3.3 关于免费和自由 OA。）

金色 OA 和绿色 OA 要求作者的操作步骤也不同。为了使新的论文成为金色 OA 资源，作者只需要把原稿提交给 OA 期刊即可，正像他们把原稿提交给传统期刊一样。为了使论文成为绿色 OA 资源，作者只需要把他们的原稿存储在 OA 知识库中即可。

存在金色和绿色这两种不同的开放存取途径是非常重要的，因为如果作者不能以其中的一种方式使他们的作品成为 OA 资源，则可以考虑采用另外一种方式。目前存在一种误解，即认为所有的 OA 资源都是以金色 OA 的途径来实现的。这种误解由来已久，而且负面影响很大。如果作者找不到自己学科领域高质量和高影响力的 OA 期刊，或者自己的稿件被一流的 OA 期刊拒绝了，他们通常就会认为自己只能放弃 OA 期刊或者在二流的期刊上发表论文。这种决定显然太仓促了。其实，如果他们的论文被一流的付费获取期刊录用了，就可以考虑先在这份期刊上发表出来，然后回头再把经过同行评审的稿件存储在 OA 知识库中。大多数付费获取出版商和付费获取期刊都无条件地允许作者将作品存储在知识库中，也有许多期刊在作者提出请求的前提下允许作者将作品存储在知识库中。当遇到作者的资助机构或者所属大学强烈要求作者必须将作品存储在特定的知识库中的情况，几乎所有的付费获取期刊都允许作者照办。（更多的信息和讨论参见第 4 章关于政策和第 10 章关于自助方案。）[4]

在 OA 运动的早期阶段，一个重大的胜利就是成功促使大量的付费获取出版商和期刊允许作者实施绿色 OA。但是，这一胜利是学术出版领域被保持得最好的"秘密"，绿色 OA 途径长期不为人所注意，导致的严重后果就是很多人都忽略了这种途径的存在。也正因为这样，OA 资源的数量也没得到应有的提高。一种错误的看法也随之产生，即认为学术声望和开放存取两者是此消彼长的关系。事实上，学术声望和开放存取两者很少属于这种关系。绿色 OA 的途径与传统出版并不冲突，如果忘记或否认这一事实，则会滋生另外一种错误的看法，即认为要求绿色 OA 的政策事实上也要求金色 OA，因此限制了作者根据自己的意愿将作品提交给不同期刊的自由（更多的信息和讨论参见第 4 章关于政策）。

如果一定要在学术声望和开放存取之间做个选择，大多数学者都会选择前者。幸运的是，他们很少需要必须做这种"二选一"的决定。不幸的是，很少有学者知道其实他们并不需要非得在两者中间选择其一。只有极少数的学者意识到大多数的付费获取期刊允许作者自己将作品存储在 OA 知识库中，尽管有关人员已经对这一早期的胜利做了相当多的普及和宣传工作。

为什么 OA 模式与权威的出版物并不冲突？有两个理由。一个是金色理由，另外一个是绿色理由。具体而言，金色理由是指有一些 OA 期刊已经获取了相当高的学术声望，另外一些 OA 期刊的学术声望也在逐步提高。如果你所在的领域目前还没有高质量的 OA 期刊的话，你可以选择等待（OA 期刊发展得非常迅猛），可以选择贡献自己的力量（把你最好的作品投给 OA 期刊），当然也可以转向绿色 OA 的途径。绿色理由是指大多数付费获取期刊（包括高质量期刊）已经允许作者实施 OA 存储。在 OA 政策的有效推动下，这里的"大多数"有可能会变成"所有"。（参见第 4 章关于政策）

最有价值的 OA 知识库是符合 OAI 协议的知识库。OAI 协议用于元数据收割，使得在物理上分散的知识库能够协同工作。用这个领域的行话来说，OAI 协议使得全球各地的知识库就像一个超大型的虚拟知识库，允许用户可以瞬间检索所有的知识库内容。换言之，用户可以检索符合 OAI 协议的知识库所收录的任何内容，同时不需要知道背后都有哪些知识库，这些知识库位于哪里，里面收录哪些内容。（OA 和 OAI 是两个不同的东西，但两者有很多重叠的地方。）[5]

大多数主要的学术性搜索引擎和非学术性搜索引擎都会抓取 OA 期刊和 OA 知识库，比如谷歌、雅虎和必应都出于自身的利益在做这个事情。现在，这些搜索引擎提供另外一种检索方法，即在不知道何种资源位于何地的前提下，对联网的知识库进行跨库检索。目前普遍存在一个错误的看法——把 OA 知识库看成是设有围墙的花园，读者需要每次访问不同的知识库，在每个知识库中做类似的检索，因此检索 OA 知识库的资源是非常困难的事情。事实恰恰相反，理由是 OA 知识库使得检索资源更加方便，而付费获取知识库则更像所谓的设有围墙的花园（这些资源要么不能被搜索引擎收录，要么需要读者访问每个不同的知识库开展类似的检索操作）。

学科知识库试图收集某一特定学科领域的所有资源，而机构知识库则试图囊括某一特定机构的所有资源。由于这两种不同类型的知识库都倾向于符合 OAI 协议，可以开展互操作检索，因此对读者而言并没有存在多大的差别。如果读者希望通过浏览知识库收获意外的文献，那么通过学科知识库比通过机构知识库更有可能找到有用的内容。但是在检索实践中，大多数学者基本都是通过关键词检索（而非浏览的方式）查找知识库的内容，都是通过跨库检索（而非本地单一知识库检索）的方式查找知识库的内容。[6]

但是，学科知识库和机构知识库存在的差异对于作者来说会实实在在地体现出来。一方面，相对于学科知识库，机构知识库更容易为作者提供存储的激励手段和辅助手段，也能更容易地采取相关政策以确保存储率。越来越多的大学就是这样做的。另一方面，如果学者定期查阅大型学科知识库的内容（比如物理学领域的 arXiv 或医学领域的 PMC），会更加乐意将自己的作品存储在 OA 知识库，而不需要太多外界的推动力量。（更多的信息和讨论参见第 4 章关于政策。）[7]

由于大多数出版商和期刊已经允许作者实施绿色 OA 的途径，因此现在所要做的工作就是让作者充分利用这种有利条件。如果机构没有颁布鼓励或要求存储的政策，自愿性存储率大约为 15%。在过去的几年中，有些机构颁布了强制性存储政策，这种做法把存储率提升到将近 100%。[8]

自愿性存储率远远低于强制性存储率的原因很少与开放存取自身相左。这些原因无外乎如下几条：对绿色 OA 的不熟悉（认为所有的 OA 都是金色 OA）；对绿色 OA 的误解（认为绿色 OA 违反版权、绕过同行评审、排除了在权威期刊发表论文的可能性）；认为自我存储耗时耗力。从这个意义上来说，相对于实际上的反对行为（不管是作者的反对还是出版商的反对），作者对绿色 OA 的不熟悉和误解更是阻碍了开放存取的发展。[9]

各种解决方案已经在全球各地兴起，包括创建更多的 OA 期刊和 OA 知识库、向科研人员宣传并介绍金色和绿色 OA 的途径、采纳相关政策鼓励金色 OA 和要求科研人员实施绿色 OA。（更多的信息和讨论参见第 4 章关于政策。）

3.2 绿色 OA 和金色 OA 相辅相成[10]

有些 OA 倡导者把精力集中在绿色 OA 上面，有些 OA 倡导者把精力集中在金色 OA 上面。有些人支持两者的共同发展；也有一些人认为应该把其中的一种途径放置在优先发展的战略地位。我认为绿色 OA 和金色 OA 是相辅相成、协同作用的关系。我们应该同时努力发展这两种不同的途径，就像生物要同时发展自己的神经系统和消化系统一样。

幸运的是，目前存在的诸多不同意见事实上起到了服务于这种协同发展的作用。一些倡导者认为优先发展绿色 OA，一些倡导者认为优先发展金色 OA，这种争议自然分割了从事 OA 运动的人群，确保了不同的人群致力于发展开放存取的不同实现途径。

相对于金色 OA，绿色 OA 有自己的优势。由于绿色 OA 不需要创办新的同行评审刊或者从传统的期刊进行转换，所以它的发展速度会更快。也正是因为如此，绿色 OA 比金色 OA 实施成本更低，能够快速扩大规模和符合用户需求。

如果采用强制性政策，绿色 OA 并不会侵犯学术自由，但是金色 OA 做不到这一点。（更准确的表述是：如果采用强制性政策，金色 OA 会侵犯学术自由，除非所有的同行评审刊都成为 OA 期刊）。大学采纳的绿色 OA 政策能够覆盖自身的所有研究产出（不管作者选择在何处发表他们的论文），而金色 OA 政策只能覆盖大学教师愿意提交给 OA 期刊的新论文。

绿色 OA 的实现途径与付费获取出版物并不冲突。有时是因为付费获取出版商拥有所需要的版权但允许作者实施绿色 OA，有时是因为作者保留了用于自我存储的版权。精心起草的 OA 政策总是能够确保作者保留所需的版权，或者能够使他们与出版商协商保留自己所需的版权。（参见第 4 章关于政策和第 6 章关于版权。）

如果学科领域内最好的期刊是付费获取期刊（虽然情况正在发生变化，但现在的期刊出版现状确实如此），绿色 OA 就允许作者可以分享这块蛋糕。如果作者能够在自己学科领域内最好的期刊上发表论文，他们就可以首先在这些期刊上发表，然后再把他们的论文存储在 OA 知识库中，而不需要等待这个学科领域内高质量的权威 OA 期刊的出现。如果作者为了晋升和获得教职需要在最权威的付费获取期刊上发表论文（虽然情况正在发生变化，但现在的学术评价现状确实如此），绿色 OA 就可以允许作者在不放弃机构的认可和奖励的前提下将自己的论文变为 OA 资源。

绿色 OA 不仅适用于后印本，同时也适用于预印本；但是金色 OA 只是适用于后印本。出于同样的原因，绿色 OA 还适用于同行评审刊通常不会刊载的资源类型，比如数据集、源代码、学位论文、其他载体（比如纸张、缩微胶片、胶卷等）作品的数字文档。

当然，相对于绿色 OA，金色 OA 也有自身的优势。金色 OA 论文不需要受付费获取出版商强加的诸多限制的影响。因此，金色 OA 总是即时的，而绿色 OA 有时是设有延时开放期限的。类似的，即使并没有充分利用开放存取所带有的有利条件，金色 OA 总是自由 OA 的，但是绿色 OA 则很少做到这一点。（参见第 4 章关于政策）

金色 OA 提供的论文是正式出版的版本，而绿色 OA 提供的论文经常只能是局限于经过同行评审的版本（但是该版本尚未经过文字编辑或最后排版工作）。把正式出版的版本作为 OA 版本有助于避免由多个版本同时流传而造成的混乱现象。

金色 OA 自身就开展同行评审工作，并不依赖于付费获取期刊来实施。因此，对金色 OA 的支持也就支持了对同行评审这项工作本身的发展，以防万一付费获取期刊在将来不再提供这种服务了。

最后，虽然绿色 OA 的成本和开支更容易控制，但是金色 OA 在经费上可以自我维持，甚至有可能盈利。

图书馆员通常把学术期刊的功能分为四类：注册（标注投稿和发表时间）、认证（同行评审）、知晓（发行和传播）、存档（长期保存）。只要我们认识到绿色 OA 更擅长于实现"注册"和"存档"功能，而金色 OA 更擅长实现"认证"功能，我们就能明白这两种 OA 实现途径其实是相辅相成的。

有些人把绿色 OA 看成是迫使传统期刊向 OA 期刊转变的有力工具。理由是绿色 OA 资源的增加会加速图书馆取消订阅传统期刊的进程，从而迫使传统期刊向 OA 期刊转变。绿色 OA 资源的数量增长或者会起到这样的效果。有些出版商担心绿色 OA 会起到这样的效果，而有些 OA 活动家则希望会有这样的效果。但事实上，绿色 OA 也有可能一点也起不到这样的效果。一个证据就是物理学领域绿色 OA 的发展并没有促使图书馆取消对物理学相关期刊的订阅。

如果学科领域内最好的期刊是付费获取期刊（虽然情况正在发生变化，但现在的期刊出版现状确实如此），绿色OA就允许作者可以分享这块蛋糕。如果作者能够在自己学科领域内最好的期刊上发表论文，他们就可以首先在这些期刊上发表，然后再把他们的论文存储在OA知识库中，而不需要等待这个学科领域高质量的权威OA期刊的出现。

在物理学领域，绿色 OA 覆盖了 100% 的资源，而且在过去的 20 年中处于持续发展状态（更多的信息和讨论参见第 8 章关于严重影响）。退一步讲，即使绿色 OA 确实能起到这样的作用，但是也不能说这是推动金色 OA 发展的最好战略。我们有理由相信，建立在出版商自身同意和自我利益基础上的和平演变完全有可能会发生。（更多信息和讨论参见第 7 章关于经济问题。）

而且更为重要的是，就算所有的同行评审刊都实现了 OA 模式，我们仍然希望绿色 OA 继续存在。比如说，我们希望借助绿色 OA 传播预印本，标注最早的论文投稿和发表时间以确立作者发明/发现的优先权。我们希望利用绿色 OA 传播通常不会通过期刊出版的数据集、学位论文以及其他类型的文献资源。我们希望通过绿色 OA 来确保在不同的地方拥有多个 OA 版本。（甚至是在当前，最好的 OA 期刊不仅通过自己的网站来传播论文，而且也将论文存储在独立于自身之外的 OA 知识库中。）至少在最后一份传统期刊转变为 OA 模式之前，我们仍然需要绿色 OA。只有这样，科研机构才可以在强制实施 OA 政策的同时又不限制作者根据自己的意愿将稿件投给不同期刊的自由。我们甚至希望 OA 知识库能够成为众多 OA 期刊的传播渠道。

对全球范围的 OA 知识库进行联网将会促进期刊功能的发展与演变。它允许我们将论文的同行评审与论文的发行工作"脱钩"。同行评审可以由独立的编辑委员会开展，而论文的发行工作由联网的知识库负责。这种"脱钩"有助于消除同行评审提供者设置获取障碍或阻碍论文发行传播的某些不正当的动机，有时也有助于消除他们独占研究成果的某些不正当的动机；而这些研究成果不是他们资助的、不是他们撰写的，也不是他们从作者那里购买的。[11]

同时，即使有一天所有的论文都可以通过绿色 OA 免费获取，我们也仍然希望金色 OA 会继续存在。大量绿色 OA 资源的存在尚未引发图书馆取消订阅付费获取期刊的行为，甚至是在绿色 OA 资源覆盖率已经达到 100% 的学科领域。但是我们不能由此论断这种情况永远不会发生，我们也不能说每个学科领域将来发生的情况都会跟物理学领域的情况一模一样。如果基于同行评审的付费获取期刊在未来不再具有可持续发展性（参见章节 2.1），那么同行评审是否会继续存在就得取决于向基于同行评审的 OA 期刊的转型了。

付费获取期刊是否会因为绿色 OA 资源的增长、自身超过通货膨胀率的价格增长状态、以及自身未能跟得上研究的发展速度等多种因素而受到威胁，

51

这已经不太重要了。如果上述的任何一个或多个因素将基于同行评审的付费获取期刊置于垂死的边缘，那么同行评审就只能完全依赖于 OA 期刊，因为 OA 期刊不会受到上述任何一个因素的影响。（在第 8 章关于严重影响部分，我们会看到一些证据，证明付费获取期刊的价格上涨会比绿色 OA 资源的发展更容易引发图书馆取消订阅传统期刊的做法。）

最后，即使所有的新论文都可以通过绿色 OA 途径来获取，我们仍然希望保留金色 OA 能够更容易提供的某些优点：不受许可限制的获取自由、不受延时限制的获取自由、以及不受日益耗尽的图书馆经费预算限制的获取自由。

不管从长远还是从目前来看，单凭绿色 OA 或金色 OA 都不足以实现对文献的开放存取。这也就决定了我们必须为同时实现这两种不同的途径而努力！

3.3 免费 OA 和自由 OA[12]

有时我们必须清晰无误地表达这两种开放存取的实现途径。一个只是移除了价格障碍，另外一个在移除价格障碍的同时至少移除了部分的许可障碍。前者就是免费 OA（gratis OA），后者则是自由 OA（libre OA）。

为了深入理解这两个术语的含义，我们有必要先简单地介绍一下"合理使用"这个概念。在美国，合理使用是版权法保护的一个例外，它允许用户出于"批评、评论、新闻报道、教学…或者科研等目的"而使用受版权保护的作品。[13]

合理使用有四个对于我们来说比较重要的特征。第一，合理使用的许可是由法律直接赋予的，使用人不需要征得版权持有人的许可。或者这么说，由于合理使用"并没有侵犯版权法"，所以我们不需要征得对方的许可。第二，合理使用的许可是有一定范围的，它并不囊括学者希望对作品的所有使用类型。如果超过合理使用的范围，用户必须征得版权持有人的许可。第三，大多数国家都有类似合理使用的做法，尽管可能在合理使用的对象和范围规定方面差别很大。最后，合理使用是比较模糊不清的。虽然对于合理使用的范围（比如用于评论目的而引用原文的一小段）和超过合理使用的范围（比如复印整本图书）都有明确的规定，但是合理使用与非法使用两者之间的界限仍然是模糊不清的、也是颇有争议的。

免费 OA 对用户不收取获取费用，但也就止步于此。如果超出合理使用范围，用户仍然必须证得对方的许可。免费 OA 只是移除了价格障碍，并没有移除许可障碍。

自由 OA 对用户不收取获取费用，同时也排除了全部或部分的版权和许可限制。用户可以超越合理使用的范围，至少可以以特定的方式做到这一点。由于超越合理使用范围的方式多种多样，所以自由 OA 的类型和程度也多种多样。自由 OA 除了移除价格障碍之外，同时至少移除了部分的许可障碍。

幸运的是，我们并不总是需要使用这些术语。事实上，在本书中的大多数情况下，我都无所顾忌地使用"开放存取"这个术语。除非我们需要特别谈论免费 OA 和自由 OA 这两个术语的区别，在一般情况下直接使用"开放存取"并不会引起任何的麻烦。就像使用"碳水化合物"这个术语不会引起麻烦一样，除非我们需要特别讨论简单碳水化合物和复合碳水化合物的区别。

我是借用了软件领域的"免费"和"自由"这两个术语。在软件领域，它们也表达了同样的区别。如果这两个术语在英语中听起来有点别扭，主要是因为英语中没有本土化的术语来表达这种差异。话说回来，这种看似别扭的表达或许是一件好事，因为这些术语并没有携带其他的含义（不像"open"和"free"等词汇那样具有多重含义），这在一定程度上有助于我们避免对这些术语的理解产生歧义。[14]

首先要注意的是，免费 OA 和自由 OA 的区别不是完全等同于绿色 OA 和金色 OA 的区别。前两者的区别在于用户的权利和自由程度，而后两者的区别是实现途径的不同。前者回答的问题是：内容可供开放存取的程度有多大？后者回答的问题是：内容是如何实现开放存取的？[15]

绿色 OA 可能是免费 OA，也可能是自由 OA；但总是免费 OA 的。金色 OA 可能是免费 OA，也有可能是自由 OA；但也总是免费 OA 的。但是，相对于绿色 OA 来说，金色 OA 更容易成为自由 OA。这也就是为什么 OA 运动在提倡突破免费 OA 进入自由 OA 的时候，更多的是聚焦于期刊而非知识库的原因所在。

如果用户在网络上碰到一篇不需要收取费用的全文论文，不需要别人告知，自己就能很快判定这是免费 OA 资源。因此，他们不会疑惑他们的阅读行为是否违法。但是用户并不知道这篇论文是否是自由 OA 资源，除非这篇论文的提供者（作者或出版商）告诉他们。这也是提供许可证的目的，许可证就是版权持有人提供的一个简要说明，用于解释用户就此作品可以做什么，不可以做什么。

如果作品的版权标识是"保留所有的权利（all – rights – reserved）"，那么该作品就不再需要提供许可证了。因为"保留所有的权利"意味着如果用户对该作品的使用超过合理使用范围，就必须征得版权持有人的许可。

按照惯例，新作品从诞生之日起就受到版权保护（不需要特意去注册）。版权最初属于作者本人（但是版权的归属可以通过合同进行转让），版权持有人保留所有的权利。如果希望对作品提供自由 OA，版权持有人必须放弃自己所拥有的部分权利，并使用一份授权协议书告诉用户他们已经放弃了某些权利。为方便起见，我们就可以把开源代码的开放许可证（open license）看成是提供某种程度自由 OA 的一个典型例子。

虽然"版权（copyright）"作为一个单词是单数形式的，但是它本身包含一系列的权利。作者可以放弃一些权利，保留另外一些权利；他们可以出于自己的需求对版权做任何的取舍组合。这也解释了为什么会存在如此众多不同的开放许可证和不同类型的自由 OA 的现象。这里很重要的一点就是，为了提供自由 OA 而放弃部分权利并不要求版权持有人放弃所有的权利。相反，开放许可证以版权法为先决条件，它们表述的是来自版权持有人的许可范围。而且，版权持有人没有放弃的那些权利是完全具有法律效力的。用创作共用（Creative Commons）的语言来说，开放许可证提供的是"保留部分权利"而非"保留所有权利"的版权保护服务。

目前在同类许可证中，来自创作共用的开放许可证最为知名，使用也最为广泛。除此之外，当然还存在其他众多的开放许可证。作者和出版商总是可以起草自己的开放许可证的内容。但是，为了说明自由 OA 的范围，直接查看 CC 许可证应该是最为简便的方式。[16]

最大程度的自由 OA 属于那些处于公共领域的作品。这些作品要么从来不在版权法的保护范围之内或者已经超过了版权法的保护期限。对于这类作品，用户无论以什么方式使用它们，都不会违反版权法。这就解释了为什么我们可以在不需要征得其后嗣许可的前提下就可以翻译或重印印莎士比亚的作品。创作共用为那些愿意将自己的作品让渡给公共领域的版权持有人提供了 CC0 组合。[17]

CC – BY（注明作者信息）是继公共领域之后所受限制最少的自由 OA 类型。只要用户注明该作品出自原始作者之手，就可以任意使用该作品。OAS-

PA（开放存取学术出版商协会）和 SPARC（学术出版和学术资源联盟）欧洲部都推荐使用这种组合。[18]我本人也支持他们推荐的这种组合，我自己的博客和电子通讯都采用的是 CC-BY，我在期刊上发表的论文也要求出版商使用 CC-BY。

创作共用也支持其他类型的开放许可证，包括 CC-BY-NC（要求用户在注明作者信息的同时还禁止出于商业目的的使用）和 CC-BY-ND（要求用户注明作者信息、允许出于商业目的的使用、但禁止在原作品基础上创造演绎作品）。这些许可证彼此之间都不尽相同，但是所有的许可证都允许用户对作品的使用超过合理使用的范围。因此，它们都代表了不同类型的自由 OA。

尽管你可以起草自己的开放许可证或者使用他人创建的其他开放许可证，但是 CC 许可证具有诸多优势，包括：发展得相当成熟、由专业律师起草、具有法律效力、被大量用户所熟悉、并且越来越多地被应用于实际司法案例中。而且，每个组合都有三个版本：为非律师人士提供的人工可读版本、为律师和法官提供的专业人士可读版本、为搜索引擎和其他软件提供的机器可读版本。CC 许可证应用起来非常方便，也正是这种方便性在很大程度上革新了自由 OA。

如果你希望应用某种特定类型的自由 OA，最好的方式就是利用特定的开放许可证。我们不可能为每一种可能的使用情况都预备好毫无歧义并被广泛接受的使用条款。但是，我们已经为所有主要的使用情况提供了明确的许可条款。当然，如果我们自己有需求，也可以在任何时候增加更为具体更有针对性的许可条款。

没有提供开放许可证的作品意味着该作品遵循的是"保留所有版权"的法律框架。即使版权持有人鼓励用户对该作品的使用不局限于合理使用的范围，或者已下定决心绝不起诉任何违反版权的用户做法，但是普通用户无从知道这一点，并被迫选择三种"罪行"：推迟向版权持有人征求使用许可、未征得许可就使用作者的作品、为了保险起见宁可选择不使用作品。这些不仅是影响科研进展的阻碍因素，也是自由 OA 希望移除的阻碍因素。

3B 定义同时呼吁免费 OA 和自由 OA。但是，大多数开放存取的成功案例都是免费 OA 的（而非自由 OA）。我这么说有两个意思。第一，免费 OA 的成功案例远远多于自由 OA 的成功案例。第二，到目前为止，免费 OA 成功的大

55

多数案例都是非常知名的。

有些观察家在考察了诸多知名的免费 OA 成功案例之后，得出结论认为：OA 运动致力于免费 OA 而忽视自由 OA。另外有些人在考察关于开放存取的诸多定义后，得出结论认为：OA 运动致力于自由 OA 而轻视免费 OA。这两个结论都是顾此失彼、不太公允的。

一个不争的事实是免费 OA 在很多环境下都能实现，但是自由 OA 却不然。比如说，OA 运动一个很重要的成就就是成功说服了许多付费获取出版商和付费获取期刊允许绿色免费 OA（green gratis OA）。但是，我们在通往绿色自由 OA（green Libre OA）的道路上却有很多的工作需要做。类似的，大多资助机构和大学所颁布的强制性 OA 政策也都是要求作者和出版商实施绿色免费 OA，要求实施绿色自由 OA 政策的机构数量却很少。绿色自由 OA 在当前的发展主要是出于其他方面的原因。如果这些资助机构和大学采取通过等待的方式希望召集相关力量来支持绿色自由 OA 的话，那么他们中的大多数仍然需要继续等待。（参见章节 4.3 关于开放存取在时间历史维度上的理解偏差。）

另外一个不争的事实是：OA 政策（甚至是促进免费 OA 发展的政策）也会面临严重的政治障碍。促进免费 OA 发展的政策或许比促进自由 OA 发展的政策更容易实施，但是在大多数情况下它们也是很难实施的。美国国家卫生研究院的 OA 政策首次提出是在 2004 年的国会上，2005 年该政策作为请求或鼓励性政策被采纳，2008 年则强化了力度成为强制性政策。这一路走来，每一步都受到拥有雄厚资金资助的出版界游说团的反对，它们的态度始终咄咄逼人。尽管美国国家卫生研究院的 OA 政策取得了很大的进展，但到现在为止，它的 OA 政策也只是定位于促进免费 OA 而非自由 OA 的发展。类似地，资助机构和大学最终采纳的旨在促进免费 OA 发展的政策也都是在经过多年的努力后才实现的，包括耐心地向决策制定者普及开放存取的知识、多次回应他们的反对意见、并逐步澄清他们对开放存取的误解。当然，资助机构和大学采纳并实施 OA 政策（尤其是全体投票通过的政策）是非常值得庆祝的大事，即使目前这些 OA 政策定位的只是促进免费 OA 而非自由 OA 的发展。[19]

DOAJ（OA 期刊名录）是收录 OA 期刊最为权威的名录，也是同类中唯一只收录同行评审刊的名录。但是，在被 DOAJ 收录的 OA 期刊中，只有 20% 的期刊采纳 CC 许可证，不到 11% 的期刊采纳被大力推荐的 CC-BY 许可证。也就是说，大约 80% 的同行评审 OA 刊并没有采纳任何类型的 CC 许可证。当然，或许有些期刊采纳了与CC许可证具有类似法律效用的其他许可证，但这样的期刊实在是太少了。简而言之，大多数的OA期刊并没有采纳开放许可证。大多数期刊仍然是在"保留所有权利"的版权框架下运作，没有提供自由OA服务使得读者并没有获得比基于合理使用范围更多的使用自由。比如说，即使是那些希望只是限制出于商业目的进行使用的期刊也倾向于采纳"保留所有权利"的做法，而没有采纳可以限制出于商业目的使用的开放许可证（比如CC–BY–NC）。但是，这些期刊事实上是允许在其他方面实施自由OA的。[20]

我曾经提出自己的看法，认为批评OA运动轻视免费OA（因为考虑到关于开放存取的公共宣言都在号召实施自由OA）或者忽视自由OA（因为考虑到大多数开放存取的成功案例都是免费OA）的做法是不太公平的。下面的两种批评可能更为公正。其一，当自由OA在当前并不具备实现条件的时候却仍然实施自由OA。幸运的是，这种战略上的错误并不常见。其二，在能够提供自由OA服务的时候却只是满足于提供免费OA服务。不幸的是，这种战略上的错误非常普遍。正如我们看到的许多OA期刊一样，即使在它们能够容易地提供自由OA的时候，通常也只是停留在提供免费OA服务的层次。

让我们更加详细地讨论一下自由OA的意义吧。我们为什么要为这个事情烦心，尤其是在我们已经实现了免费OA的时候？答案就在于我们需要自由OA保障用户不受延时获取的障碍，也需要自由OA保障用户在希望对作品的利用超过合理使用范围的时候不需要再征求对方的同意（从而避免产生额外的成本）。如果用户希望对作品的使用超过合理使用的范围，有一些比较不错的学术方面的理由。比如：

- 引用篇幅较长的摘录；
- 把全文复印分发给学生或同事；
- 把数字复本拷贝到光盘上（考虑到有些地方的宽带硬件较差的事实）；
- 分发添加了语义标签的版本或者其他经过完善的版本；
- 把文本迁移到新的媒介载体或转换为新的格式（以便在将来技术发生变革的时候仍然可以阅读这些文本）；
- 出于长期保存的目的创建或存储复本；
- 把作品收录到数据库或混搭平台上；

- 为文本制作声频格式;
- 把文本翻译成为其他语种;
- 利用文本进行索引、文本挖掘和其他类型的处理工作。

在有些司法管辖范围内,上述中有些使用或许属于合理使用的范围,虽然大多数的使用都不在合理使用的范围之内。法院也对合理使用划定了一些区分边界,但显然不可能事先对所有的使用都能明确地划分边界。同时我们也不能期望用户清楚所有的法院判定规则。上述所有的不确定性(以及目前对侵犯版权法的惩罚越来越严重的事实)都使得用户害怕承担责任并行事谨慎。因此,他们往往不再轻易地利用自己希望利用的作品,往往为了首先征得对方的许可而搁置研究的进展。

基于开放许可证框架的自由 OA 解决了所有这些问题。即使用户对作品希望开展的使用行为已经处于合理使用的范围,一份清楚明确的开放许可证能够消除用户的所有顾虑。如果用户对作品希望开展的使用行为确实超过了合理使用的范围,一份清楚明确的开放许可证就有助于移除使用限制,并为用户提供自由 OA 服务。

当你要为用户提供自由 OA 服务的时候,要使用户所拥有的自由程度超过合理使用规定的范围。要让他们清楚地知道自己可以做什么,不可以做什么。不要让小心谨慎的用户做艰难的选择:要么为了取得对方许可而耽搁研究,要么承担在没有征得对方许可的前提下就利用作品而存在的风险。不要再让用户为获取许可而付费。不要再让用户宁愿放弃对作品的使用。总之,你需要在最大程度上使自己的作品成为尽可能有用的和实际上也能被广泛利用的作品。[21]

参考文献

[1] 该章节引用我之前的几篇文章:
《开放存取概述》(Open Access Overview),网址:http://dash.harvard.edu/bitstream/handle/1/4729737/suber_oaoverview.htm?sequence=1

《关于学术声望、学术质量和开放存取的思考》(Thinking about prestige, quality, and open access),发表于《SPARC 开放存取新闻通讯》(*SPARC Open Access Newsletter*) 2008 年 9 月 2 日,网址:http://dash.harvard.edu/bitstream/handle/1/4322577/suber_oaquality.html?sequence=1

《澄清对开放存取误解的参考指南》(A field guide to misunderstandings about open access),发表于《SPARC 开放存取新闻通讯》(SPARC Open Access Newsletter) 2009 年 4 月 2 日,网址:http://dash.harvard.edu/bitstream/handle/1/4322571/suber_fieldguide.html?sequence=1

[2] 参考玛丽.麦克维(Marie E. McVeigh)撰写的《被 ISI 引文数据库收录的 OA 期刊:影响因子和引文模式分析》(Open Access Journals in the ISI Citation Databases: Analysis of Impact Factors and Citation Patterns Thomson Scientific),由汤姆斯科技集团于 2004 年 10 月发布。网址:http://science.thomsonreuters.com/mpdfsopenaccesscitations2.pdf

[3] 首批同行评审 OA 期刊创建于 20 世纪 80 年代。请参考存储在 OAD(开放存取知识库)中的"早期 OA 期刊"列表。网址:http://oad.simmons.edu/oadwiki/Early_OA_journals;虽然有些 OA 期刊也有一些年头了,但是 OA 期刊的平均历史不如付费获取期刊的历史悠久。关于新创办期刊的发展劣势,请参考我的文章《关于学术声望、学术质量和开放存取的思考》(Thinking about prestige, quality, and open access),发表于《SPARC 开放存取新闻通讯》(SPARC Open Access Newsletter) 2008 年 9 月 2 日,网址:http://dash.harvard.edu/bitstream/handle/1/4322577/suber_oaquality.html?sequence=1

[4] 关于当前允许作者实施绿色 OA 存储的付费获取出版商和期刊的数量,请参考 SHERPA 网站的统计页面。网址:http://www.sherpa.ac.uk/romeo/statistics.php;
关于付费获取出版商和期刊的绿色 OA 政策,请参考 ReMEO 网站(开放存储数据库的版权元数据信息网站),网址:http://www.sherpa.ac.uk/romeo.php;
当作者需要遵守资助机构或所在单位的绿色强制性 OA 政策的时候,所有的付费获取期刊都允许作者实施自我存储。请参考存储在 OAD(开放存取知识库)中的"针对受 NIH 资助的作者的出版商政策列表"。网址:http://oad.simmons.edu/oadwiki/Publisher_policies_on_NIH-funded_authors;http://www.arl.org/sparc/mediablogpublishers-accommodate-nih-funded-authors.shtml

[5] 请参考 OAI 网站,网址:http://www.openarchives.org
也请参考我的文章《谷歌时代的 OAI 案例》(The case for OAI in the age of Google),发表于《SPARC 开放存取新闻通讯》(SPARC Open Access Newsletter) 2004 年 5 月 3 日。

[6] 关于机构知识库,请参考 ROAR(Registry of Open Access Repositories,OA 知识库注册指南)和 OpenDOAR(Directory of Open Access Repositories,OA 知识库指南)这两大指南。网址分别是:http://roar.eprints.org;http://www.opendoar.org

[7] 请参考 arXiv，网址：http：//arxiv.org；也请参考 PubMed Central，网址：http：//www.pubmedcentral.gov

[8] 该数据是亚瑟．赛尔（Arthur Sale）从 2005 年到 2006 年在一系列发表的文章中收集而来。网址：http：//fcms.its.utas.edu.au/sciengcompproject.asp?lProjectId=1830

[9] 请参考穆鲁肯恩．乌巴冶胡．阿勒玛叶胡（Muluken Wubayehu Alemayehu）撰写的《科研人员对使用知识库的态度研究：基于奥斯陆大学机构知识库的案例分析》（Researchers' attitude to using institutional repositories：A case study of the Oslo University Institutional Repository），该论文为 2010 年度挪威奥斯陆大学硕士学位论文。调查结果表明，被调查的作者"对机构知识库的认知度很低"，但是"对提供免费的获取服务持正面的态度⋯"网址：https：//oda.hio.no/jspui/handle/10642/426

也请参考在 2010 年秋季对荷兰大学教师开展的一项调研。"在荷兰大学里面，将近 90% 来自应用科学领域的教师表示愿意将自己的研究成果免费供他人获取⋯他们也表示需要了解更多关于 OA 论文的信息⋯"。网址：http：//www.openaccess.nl/index.php?option=com_content&view=article&id=232：majority-of-lectors-favour-open-access-publication&catid=1：news-archive

如果你希望了解截至 2009 年的所有相关文献（这些文献都表明作者对开放存取并没有反对意见，但对开放存取都不太熟悉），请参考詹妮．弗莱（Jenny Fry）等人撰写的《针对作者和用户使用期刊和知识库的行为研究：基准报告》（PEER Behavioural Research：Authors and Users vis-à-vis Journals and Repositories：Baseline report），尤其是第 15 到 17 页。该报告由 PEER 项目于 2009 年 9 月发布。网址：http：//www.peerproject.eu/fileadmin/media/reports/Final_revision_-_behavioural_baseline_report_-_20_01_10.pdf

[10] 该章节引用我之前发表的两篇文章。

《SCOAP3 的第 11 个小时》（Eleventh hour for SCOAP3），发表于《SPARC 开放存取新闻通讯》（SPARC Open Access Newsletter）2010 年 12 月 2 日。网址：http：//dash.harvard.edu/bitstream/handle/1/4736587/suber_scoap3.htm?sequence=1

我对理查德．波因德采访问题的回答：《开放存取基本知识：向彼得．萨伯的采访录》（The Basement Interviews：Peter Suber），发布于 2007 年 10 月 19 日。网址：http：//poynder.blogspot.com/2007/10/basement-interviews-peter-suber.html

[11] 我在《SCOAP3 的第 11 个小时》（Eleventh hour for SCOAP3）中讨论了这种"脱钩"现象，发表于《SPARC 开放存取新闻通讯》（SPARC Open Access Newsletter）

2010 年 12 月 2 日。网址：http：//dash. harvard. edu/bitstream/handle/1/4736587/suber_ scoap3. htm? sequence = 1

[12] 该章节引用了我之前撰写的几篇文章。

《开放存取概述》（Open Access Overview），网址：http：//dash. harvard. edu/bitstream/handle/1/4729737/suber_ oaoverview. htm? sequence = 1

我对理查德．波因德采访问题的回答：《开放存取基本知识：向彼得．萨伯的采访录》（The Basement Interviews：Peter Suber），发布于 2007 年 10 月 19 日。网址：http：//poynder. blogspot. com/2007/10/basement – interviews – peter – suber. html

《免费和自由 OA》（Gratis and libre open access），发表于《SPARC 开放存取新闻通讯》（SPARC Open Access Newsletter）2008 年 8 月 2 日。网址 http：//dash. harvard. edu/bitstream/handle/1/4322580/suber_ oagratis. html? sequence = 1

《为资助机构和大学提供的 OA 政策选项》（Open access policy options for funding agencies and universities），发表于《SPARC 开放存取新闻通讯》（SPARC Open Access Newsletter）2009 年 2 月 2 日。网址：http：//dash. harvard. edu/bitstream/handle/1/4322589/suber_ oaoptions. html? sequence = 1

《OA 期刊的十大挑战》（Ten challenges for open – access journals），发表于《SPARC 开放存取新闻通讯》（SPARC Open Access Newsletter）2009 年 10 月 2 日。网址：http：//dash. harvard. edu/bitstream/handle/1/4316131/suber _ 10challenges. html? sequence = 2

[13] 关于美国版权法合理使用条款，请参考 17 USC 107。该法规列出了判定某项使用是否属于合理使用范畴的四条标准，这在某种程度上降低了合理使用和非法使用之间的界限的模糊性。但是，这四条标准本身又是模糊不清的，对于某个具体的案例，光靠这些标准又不诉诸法院，很难判断这个案例到底是否属于合理使用的范畴。网址：http：//www. copyright. gov/title17

[14] 关于在软件领域这两个术语的差异，请参考来自维基百科的文章《免费 VS 自由》（Gratis versus libre），网址：http：//en. wikipedia. orgwikiGratis_ versus_ Libre

[15] 如果你希望了解关于这两个方面是如何相互交叉的，请参考我于 2008 年 8 月 2 日在《开放存取新闻》（Open Access News）张贴的表格。网址：http：//www. earlham. edu/ ~ peters/fos/2008/08/greengold – oa – and – gratislibre – oa. html

[16] 请参考"创作共用"（Creative Commons），网址：http：//creativecommons. org

[17] 公共领域是为开放存取解决许可问题的途径之一。但是如果处于公共领域的作品尚未数字化，也没有提供在线服务，它们还不是 OA 作品。这是一个非常重要的项目，世界各地的政府和科研机构都花费巨资和时间将处于公共领域的作品进行

数字化，其目的就是把这些作品放在网络上，使它们成为 OA 资源。

[18] 请参考 OASP 网站（开放存取学术出版商协会），网址：http://www.oaspa.org
SPARC 欧洲部为 OA 期刊推荐使用这个组合，网址：https://mx2.arl.org/Lists/SPARC - OAForum/Message/4329.html；http://www.doaj.org/doaj?func = loadTempl&templ = faq#seal

[19] 如果你希望了解更多的信息（关于如何强化 NIH 的免费 OA 政策并通过法律程序），请参考我从 2004 年到 2009 年期间撰写的 18 篇文章。网址：https://mx2.arl.org/Lists/SPARC - OAForum/Message/5637.html

关于大学教师全票通过的 OA 政策的信息，请参考存储在 OAD（开放存取知识库）中的"全票通过的 OA 政策列表"，网址：http://oad.simmons.edu/oadwiki/Unanimous_faculty_votes

[20] 截止 2011 年 5 月 12 日，在当时 DOAJ 收录的 6497 份期刊中，共有 1370（21.1%）份期刊使用某种类型的 CC 许可协议。网址：http://www.doaj.org/?func = licensedJournals

截止同一时间，723 份期刊（11.1%）采纳 SPARC 欧洲部推荐的许可协议（要求 CC - BY），网址：http://www.doaj.org/?func = sealedJournals

DOAJ 并没有统计采纳 CC - BY 许可协议的期刊数量，但是统计了带有 SPARC 欧洲部认证标识（要求期刊采纳 CC - BY 许可协议）的期刊数量。但是，如果希望获得 SPARC 欧洲部认证标识，期刊还必须以某种方式共享论文的元数据信息。因此，有可能一些期刊采纳 CC - BY 许可协议，但没有获得 SPARC 欧洲部提供的认证标识，因为它们并没有相应地提供论文的元数据共享服务。从这个意义上来看，根据 SPARC 欧洲部认证标识统计出来的采纳 CC - BY 许可协议的期刊数量会低于其实际数量。但事实上，许多没有采纳 CC - BY 许可协议的 DOAJ 期刊也共享它们论文的元数据信息，这就使得根据 SPARC 欧洲部认证标识统计出来的采纳 CC - BY 许可协议的期刊大致等同于实际采纳 CC - BY 许可协议的期刊数量。感谢拉尔斯·博捷尔恩赛捷（Lars Björnshauge）提供的相关信息。

[21] 请参考《传播学领域的版权与创意》（Clipping Our Own Wings Copyright and Creativity in Communication Research），该报告由国际传播学会合理使用与学术自由委员会于 2010 年 3 月发布。针对传播学者开展的调查发现，1/3 的学者避开可能会导致版权问题的话题，1/5 的学者碰到过出版商不允许他们出于学术目的而使用受版权保护的作品的情况，1/5 的学者因为版权问题放弃过正在开展的科研项目。网址：http://www.centerforsocialmedia.org/fair - use/related - materials/documents/clipping - our - own - wings - copyright - and - creativity - communication - r

第 4 章 政策

4.1 资助机构和大学的 OA 政策[1]

作者控制着 OA 资源的发展速度和发展规模。他们决定是否把作品提交给 OA 期刊（金色 OA），决定是否把作品存储在 OA 知识库中（绿色 OA），他们同样也决定如何使用自己作品的版权。但是，大量的科研作者仍然对开放存取不太熟悉。作为一个共同体试图吸引他们的兴趣是没有任何意义的，因为他们并不会作为一个共同体集体行动。一旦我们抓住了科研作者的眼球，就不难说服他们甚至可以使他们热衷于此。但是，科研作者工作非常繁忙，同时这些人都自由散漫惯了，我们很难抓住他们的眼球。

幸运的是，资助机构和大学逐渐意识到在推动开放存取发展方面自己也有很大的利益诉求。这些非营利性机构的使命就是推动科研进展，并使科研成果在最大程度上成为有用和被广泛利用的产品。他们提供的经费可以使科研人员自由地从事工作，并使他们不需要将自己的收入与自己的创意流行程度相挂钩。更为重要的是，这些机构不会影响作者的决定，这可以说是世界上绝无仅有的现象。

现在，全球共有 50 多家资助机构和 100 多家大学已经采纳强硬的 OA 政策，每一家的政策都取决于作者决定的首要性。[2]

在这些政策当中，自愿性 OA 政策旨在请求或鼓励出版商和作者实施开放存取，但这种政策至少比没有政策要好。另外一种更为强硬的政策强制要求出版商和作者实施开放存取，这种政策经常被称为强制性 OA 政策（OA mandates）。由于目前还没有一个更好的术语，所以我也使用这个术语（参见章节 4.2 关于这个术语所带来的误解）。

自愿性 OA 政策（请求或鼓励性政策）：这只是请求科研人员或大学教师将他们的作品变成 OA 资源，或者建议 OA 模式成为他们新作品的出版模式。

有时候，这种做法被称为决议或约定，而非政策。[3]

这种请求或鼓励的自愿性政策同时适用于绿色 OA 和金色 OA。与此形成对比的是，强制性政策只适用于绿色 OA（至少在 OA 期刊只占所有同行评审刊的 1/4 的今日出版界只能如此）。金色 OA 强制性政策将会把大多数的同行评审刊排除在外，严重影响了科研人员或大学教师根据自己的意愿将论文投给不同期刊的自由。但是，绿色 OA 强制性政策并不存在这个问题。

幸运的是，人们都很好地理解了这种状况。在全球各地，没有一家资助机构或大学颁布金色 OA 强制性政策；所有已经实施的强制性 OA 政策都是致力于绿色 OA。不幸的是，许多人错误地认为所有的开放存取都是金色 OA，因此也就把绿色 OA 强制性政策错当成金色 OA 强制性政策。但是，随着越来越多的科研人员开始理解金色 OA 和绿色 OA 之间的区别，开始理解精心起草的绿色 OA 强制性政策其实并不违背学术自由，现在越来越多的机构开始采纳绿色 OA 强制性政策，而且几乎都是由大学教师主动发起并投票通过的。[4]

在大学，大致有三种类型的绿色 OA 强制性政策：

1. *漏洞强制性政策*（*Loophole mandates*）。这类政策强制要求作者实施绿色 OA，除非出版商不允许。[5]

2. *存储强制性政策*（*Deposit mandates*）。这类政策强制要求作者在论文被正式出版物录用之后就要尽快存储在 OA 知识库中，但是这些政策区别存储的时间节点和开放存取的时间节点。如果出版商不允许作者实施开放存取，那么已经存储在 OA 知识库中的论文暂时不会提供 OA 服务，即先处于"黑色存储"状态。如果出版商允许作者实施开放存取（不管是即时的还是需要一段延时期限），一旦获得出版商的许可，这篇论文立即成为 OA 资源。因为大多数出版商都会根据一定的时间表允许作者实施开放存取，所以这类政策实质上都能确保大多数新的作品在预定的时间节点上为用户提供 OA 服务。

存储强制性政策通常取决于出版商对开放存取的许可，就像漏洞强制性政策一样。两者的区别在于前者即使在不能获得出版商许可的前提下也要求先把论文存储在 OA 知识库中。[6]

3. *保留版权强制性政策*（*Rights-retention mandates*）。跟存储强制性政策一样，这类政策也是要求作者在论文被正式出版物录用之后就要尽快存储在 OA 知识库中。但是与存储强制性政策不同，这类政策增加了一些方法以确保能够获得出版商的许可（确保出版商授权许可的方法往往多种多样）。维康信托基金会和美国国家卫生研究院这两家是资助机构当中采纳这类政策的先锋者,当受这两家机构资助的论文要出版的时候,作者必须保留非排他性的权利以便能够将论文存储在 OA 知识库中。哈佛大学是大学当中采纳这类政策的先锋者,通过大学教师投票的方式赋予大学长期有效的非排他性权利,大学就可以通过机构知识库将其成员的论文变为 OA 资源。在哈佛大学颁布这项政策之后,对于本校教师发表的论文,大学就已经自动获取了所需的许可,教师也不需要再采用其他的措施来争取保留版权或与出版商商谈,他们也不需要等待过了出版商设置的延时期限之后才可以将论文变为 OA 资源。哈佛大学的这类政策也为作者提供了弃权的选项,允许他们选择拒绝将权利授权给大学,但不允许他们选择不遵守强制性存储要求。当大学教师选择弃权选项的时候,这类政策就相当于存储强制性政策了,只有大学从出版商那里获得相关许可之后,原先存储在 OA 知识库的的论文才能成为真正的 OA 资源。[7]

许多 OA 政策都是多种类型的混合体而不是单一类型。到目前为止,我所见过的所有政策都是上述四种类型及其相关变体。

首先要指出的是上述三种"强制性"政策没有哪一种是绝对要求实施开放存取的。漏洞强制性政策允许有些作品不需要存储。存储强制性政策允许某些已经存储的作品仍然处于非开放存取的状态(以符合出版商的要求)。保留版权强制性政策也为某些作品保持非开放存取状态,提供作者弃权选项(以符合作者的偏好)。

漏洞强制性政策和存储强制性政策需要征得出版商的许可,而保留版权强制性政策在作者将版权转让给出版商之前就已经获得作者的许可。对于前两类政策而言,是否获得出版商的许可可谓"概率事件",因为有些出版商愿意而有些出版商并不愿意。相反,保留版权强制性政策完全可以确保知识库取得版权持有人的许可(至少在最初或默认的状态下是如此),虽然作者有可能会选择拒绝将作品权利授权给大学。

当漏洞强制性政策不能提供 OA 服务的时候,所涉及的作品甚至就没有必要作为"黑色存储"放置在知识库中。当存储强制性政策和保留版权强制性政策不能提供 OA 服务的时候,至少可以要求在对全文进行黑色存储的同时为用户提供元数据的 OA 服务(关于作者、题名、日期等相关信息)。发布作品的元数据信息有助于读者和搜索引擎发现这些处于"黑色存储"状态的作品。而且,如果读者发送电子邮件请求获取处于"黑色存储"状态的论文的全文,许多知识库都会给予响应。读者只需要点击相关的功能按钮，就可以提交获取全文请求的电子邮件，作者也可以点击回复表明同意或拒绝读者的请求。[8]

我们可以说保留版权强制性政策要求作者实施开放存取（除非作者选择拒绝），也可以说这类政策把开放存取争取成为默认的出版状态。这是对于同一件事情的两种不同的表述，因为不管是以何种方式进行，科研人员或大学教师都保留了决定同意或拒绝自己的作品成为 OA 资源的自由。保留这种自由的做法已经得到了科研人员和大学教师的支持；事实上，很多院系全体通过投票一致通过这类政策。由于把开放存取争取成为出版的默认状态已经能够在大规模的范围内改变用户的行为，所以为作者提供弃权的选项并不会明显减少 OA 资源的数量。在哈佛大学，作者选择弃权的比例不到 5%；而在麻省理工学院，这个比例更是不到 2%。

漏洞强制性政策和保留版权强制性政策也都提供了弃权选项。但是，前者是为出版商提供该选项的，而后者是为作者提供的。这两者区别是非常大的，因为希望论文成为 OA 资源的作者数量要远远超出拥有同样愿望的出版商数量。

许多大学都采纳了漏洞强制性政策，因为他们认为得到出版商的豁免是避免产生版权纠纷的唯一途径。这种看法是错误的。存储强制性政策只有在出版商允许作者实施开放存取之后才会把所存储的资源变为 OA 资源；保留版权强制性政策在关闭所谓的"漏洞"的同时也直接从作者那里获得许可（当作者本人就是版权持有人的时候）。

来自资助机构的 OA 政策跟来自大学的 OA 政策非常类似。这些政策可能鼓励实施绿色 OA 和金色 OA，也可能强制要求绿色 OA。如果他们强制要求绿色 OA，就会采用上述三种方式中的其中一种方式来进行操作。如果说存在什么差别的话，那就是当资助机构采纳保留版权强制性政策的时候，他们通常不会为作者提供弃权选项。相反，维康信托基金会和美国国家卫生研究院要求受资助者必须按照特定的时间表把研究成果存储至特定的知识库中使之成为 OA 资源，要求受资助者必须保留特定的版权以便自己可以授权作品使之成为 OA 资源。如果一家出版商不允许受资助者按照先前与资助机构签署的资助协议发表成果的话，那么受资助者必须寻求另外一家出版商。[9]

这些强硬的政策并没有侵犯科研人员或大学教师根据自己的意愿将作品提交给不同期刊的自由，主要有两个原因。首先，科研人员或大学教师并不是非得从这些资助机构寻求资助基金。但他们选择申请资助基金的时候,他们也就同意将科研成果提供 OA 服务,就像他们同意接受这项基金的其他条款和协议一样。所谓的"强制性 OA 政策"是基于自愿合同的条款,而非无条件的要求。当然这也这是一个合理的条款,因为诸如美国国家卫生研究院这样的公共资助机构是从公共利益的角度出发分配公共财政的支出,诸如维康信托基金会这样的私人资助机构也是出于慈善的目的分配自己的经费。据我了解,没有一位科研人员或大学教师因为 OA 条款而拒绝向维康信托基金会或美国国家卫生研究院申请科研经费,即使是他们打算在非 OA 期刊上发表科研成果的时候。OA 条款其实于作者也是有益的,这些条款影响或阻碍科研人员申请相关的科研经费。

其次,几乎所有的出版商都能接受这些政策。没有哪项调查结果表明世界上有哪家出版商因为美国国家卫生研究院的强制性 OA 政策而拒绝发表受其资助的作者论文。因此,在实践中,受资助者仍然可以将论文提交给自己希望发表的期刊上,甚至是在没有为了适应顽固的出版商而为作者提供选择退出机制的情况下。[10]

我们应该时刻牢记大多数付费获取期刊已经允许作者实施绿色 OA,也应该牢记越来越多的高质量的权威同行评审刊已经成为金色 OA 期刊。从某个角度来看,当作者都计划在这些期刊上发表论文的时候,我们就不再需要强制性 OA 政策了。但是,有的时候,付费获取期刊会改变它们对绿色 OA 的立场。有的时候,当期刊允许作者实施绿色 OA 的时候,作者也没有足够的时间将他们的作品转变为 OA 资源。有的时候,作者不会在这些期刊上发表论文。因此,绿色 OA 强制性政策的最后一个基本原则是:不管出版商如何改变自己的政策,不管作者的惯性如何,也不管科研人员或科研项目受资助者选择将研究成果发表在何种期刊上,该政策都努力让科研机构将它们的科研产出变为 OA 资源。

绿色 OA 强制性政策不能确保大学和资助机构的所有研究产出都成为 OA 资源;同样的道理,他们也不会毫无限制地要求作者实施开放存取。但是,实施绿色 OA 强制性政策将无疑会使大量的研究产出变为 OA 资源,这个比例会远远超过目前正在建设的 OA 期刊和 OA 知识库。同时,这样做也可以使作者可以自由地根据自己的意愿把作品提交给不同的期刊。

所谓的"强制性OA政策"是基于自愿合同的条款,而非无条件的要求。同时这是一个合理的条款,因为诸如美国国家卫生研究院这样的公共资助机构是从公共利益的角度出发分配公共财政的支出,诸如维康信托基金会这样的私人资助机构也是出于慈善的目的分配自己的经费。

在这里，我只是试图给出关于 OA 政策的粗略的分类体系，并阐明支持它们的理由。如果你想详细地了解 OA 政策及其具体内容的话，请参阅我在 2009 年撰写的一篇文章——《关于资助机构和大学政策的分析》。[11]

在这里，我也只是把 OA 政策聚焦于经过同行评审的研究论文。许多大学已经采纳了针对学位论文的强制性 OA 政策，许多资助机构的 OA 政策也涉及数据集。越来越多的大学在实施论文强制性 OA 政策的时候，也开始考虑采纳一种实际又有效的做法：在大学教师争取教职或晋升的时候，学术评定委员会将只会考虑存储在机构知识库中的期刊论文。[12]

4.2 对"强制性"的理解偏差[13]

最为强硬的 OA 政策使用诸如"必须"或"务必"这样的措词，它们强制要求出版商或作者实施开放存取。这些政策通常会被称为"强制性"（Mandate）政策。但是，上述提及的三种由大学采纳的"强制性"政策向我们展示了为什么这个术语具有误导性。漏洞强制性政策不要求无条件地实施开放存取：当出版商不同意的时候，论文不能被存储在知识库中。存储强制性政策也不要求无条件地实施开放存取：当出版商不同意的时候，存储在知识库中的论文不能供读者免费获取。提供弃权选择的版权保留命令式政策也不要求无条件地实施开放存取：作者可以选择弃权，作者有时也确实会这么做。截止目前，我还没看到有哪一所大学采纳的强制性 OA 政策没有提供上述的三种可供灵活操作的方式。

这也是为什么没有哪所大学的 OA 政策都无条件地要求实施开放存取的主要原因。当然，这里面还有其它的原因。首先，正如来自哈佛大学的斯图亚特．什尔博（Stuart Shieber）经常提到的，即使是最为强硬的大学政策也不能使具有终身教职的员工妥协。[14]第二，正如我经常讲的，政策的成功实施需要通过宣传、激励和协助等方式，而不是强迫的手段。第三，即使是最为强硬的 OA 政策（比如维康信托基金会和美国国家卫生研究院的 OA 政策）也是基于自愿合同的 OA 条款。世界上没有任何一家机构的 OA 政策自称要强加无条件实施开放存取的要求，我们也很难想象任何一家大学会这么要求（比如，类似的条款可以表述为"即使你不是我们的职工，也没有获得我们的科研资助，但是你必须把你的论文变为 OA 资源"，增加这样的条款显然是不太现实的)。

不幸的是,对于这么一种政策——在使用命令式措词的同时又尊重第三者的反对意见或为第一方提供弃权的选项,我们没有找到一个非常恰当的词汇来描述它。同样,我们也没有找到一个合适的词汇来描述这么一种政策——一方面使用命令式措词,另一方面没有采用强迫手段,而是通过宣传、激励、和协助等方式来落实。显然,对于这么一种政策,"强制性"不是一个非常准确的术语,但在英语中也没找到更好的词汇了。

与此形成对比的是,我们却有一个很好的词汇用来描述对于那些同意遵守的用户使用命令式措词的政策。我们把这类政策称为"合同(Contracts)"。"合同"这个术语具有简洁和准确的特点,不会引起人们的恐惧心理,同时强调了作者的同意这个最为关键的要素。因此,这个术语对于我们具有一定的启发作用,可惜它并没有强调"使文献内容成为 OA 资源"的含义。所以,不论好坏,"强制性"最终还是成为了这个领域的术语。[15]

但是,我个人是不太情愿使用"强制性"这个术语的,因为这种提法会吓跑我试图要说服的人群,也会导致人们对这类政策的误解。如果我们有足够的时间和篇幅启用一个更长的术语的话,我们可以表述如下。对于诸如像美国国家卫生研究院这样的政策,可以说是"把开放存取条款加在资助项目的身上";对于诸如像哈佛大学这样的政策,可以说是"将开放存取作为大学教师发表论文的默认的出版形态"。这些表述虽然较为冗长,但更为准确,也不会引起人们的恐惧之心。但是有的时候,我们往往需要一个更为简洁的术语,需要一个能够明显区别于自愿性 OA 政策的一个术语。

如果有人提出反对意见,声称同时包含命令式措词和提供弃权选项的政策不是真正意义上的"强制性"政策,我不会反对这种意见。相反,我非常欢迎这些反对意见,因为他们认识到了被许多人所忽视的细微差别。(许多文化程度较高的人在解读同时使用命令式措词和提供弃权选项的政策的时候,往往注意到该政策使用命令式措词却忽略了它也提供弃权选项,然后就反对这类政策,理由正是所谓的"缺乏灵活性",这种现象是多么令人失望!)但是,否认这种政策是一种"强制性"政策也会导致其他的误解。在美国,被选中担任陪审团成员的公民必须出现在法庭,即使许多人可以申请豁免然后再回家。我们可以说申请了豁免权的陪审团成员所履行的职责不是真正意义上的"职责",当然前提是我们不能由此认定这只是一种请求性或鼓励性的政策。

最后,还存在一种被出版商有意大肆渲染的常见误解,即认为OA必须要"强制性"执行的原因是大学教师本身并不希望对自己的作品实施开放存取。从"强制性"这个术语的表述来看,这种说法看起来似乎很有道理,殊不知这种字面表述跟实际含义相差甚远。这种说法也忽视了自从2004年以来我们就一直掌握在手的具有决定意义的反证。阿尔玛.斯沃恩(Alma Swan)针对科研人员态度开展的实证研究表明绝大多数科研人员将"乐意"遵循大学或资助机构颁布的强制性OA政策。[16]

许多大学院系最近都一致投票通过强制性OA政策,这可以说是证明大学教师的自愿性的最新证据。在2007年,有人预测20多家全体一致投票通过的OA政策将会很快消失(理由是这些政策都是奇思怪想)。但现在事实就摆在我们的眼前,真正奇思怪想的是出版商用于游说的理由——OA之所以要"强制性"执行,是因为大学教师本身并不希望对自己的作品实施开放存取。[17]

最后,大学教师全体一致投票通过强制性OA政策,这一事实本身就是我们继续寻求比"强制性"更为恰当的术语的理由。这一事实至少可以帮助我们澄清这个术语对于政策本身和采纳这些政策的相关人员所隐含的口语含义。自从2008年以来,大学层面的"强制性政策"大多都是由大学教师主动起草和自行采纳的。

4.3 对OA政策在历史时间维度上的理解偏差[18]

有些强硬的OA政策在今天看来是不太现实或不太明智的,但是在将来有可能会成为现实。这里有三个这样的例子。

1. 在当前,自由绿色强制性政策(比如,赋予用户复制和再传播文献的权利,而不仅仅只是免费获取的权利)将会受到出版商的强烈抵制。即使这类政策保留作者版权,不需要依赖于出版商的许可,出版商的抵制仍然会起到相当大的作用,因为出版商拥有(也应该拥有)出于任何目的拒绝出版任何作品的权利。他们可以拒绝出版任何与自由绿色OA政策相关联的作品,或者他们可以坚持要求作者要选择弃权(如果作者要在他们的期刊上发表论文的话)。引发拒稿的政策会伤害作者的利益和感情,同样,抬高作者选择弃权

71

比例的政策对开放存取的发展也实在无益。但是，随着 OA 出版商占所有出版商（包括付费获取出版商）的比例越来越高，随着越来越多作者倾于投给 OA 期刊，或者当采纳自由绿色强制性政策的机构达到一定的数量（结果使得出版商抵制这类政策的成本要高于适应这类政策的成本）的时候，出版商的抵制或许就会消失了。但是，当这类 OA 政策还是数量稀少又起不了实质作用，或者只是集中在小型科研机构的时候，政策则必须适应出版商，以免引起不必要的拒稿进而伤害作者的利益和感情。随着这类政策在数量、范围和强度上的发展，结果就会发生颠覆性的变化，那时出版商将不得不适应 OA 政策，以免因为与质量无关的原因而拒绝了大量高质量的论文进而损害了自己的利益。[19]

2. 在当前，金色 OA 强制性政策将会限制大学教师根据自己的意愿将作品提交给不同期刊的自由。但是，这主要是因为现在只有 25% 的同行评审刊是 OA 期刊。随着这个比例的增长，金色 OA 强制性政策对学术自由的侵蚀就会减弱。当达到一定程度的时候，即使是对学术自由最热心的维护者也会认为这种侵蚀作用其实是微乎其微了。从理论上来说，这种侵蚀作用可以为零。当然，当这类侵蚀作用为零的时候，金色 OA 强制性政策也就没有存在的必要了。

3. 在当前，大学教师希望保留版权强制性政策提供弃权选项，当政策确实提供弃权选项的时候，他们往往会以压倒性优势或全部投票数一致通过该政策。但是，有几种情况可能会使得大学教师倾向于放弃政策所提供的弃权选项。一种情况就是转变大学教师的看法，即认为使作品成为 OA 资源比纵容设置获取障碍的出版商更为紧迫。另外一种情况是越来越多的出版商接受绿色 OA 强制性政策，这使得几乎所有的作者（而不只是大多数）都能获取出版商的许可进行绿色 OA 存储。就第一种情况而言，大学教师可能会"用自己的投稿实际行为进行投票"，即不再向不允许作者绿色 OA 存储的出版商投稿。就第二种情况而言，大学教师将几乎不会碰到这样的出版商。因此，在第一种情况下，他们不太希望政策提供弃权选项；在第二种情况下，他们很少需要政策提供弃权选项。

可以理解的是，绿色免费强制性政策要比绿色自由强制性政策能够更快地扩散开来，绿色强制性政策要比金色强制性政策扩散得更快，提供弃权选项的保留版权强制性政策要比没有提供弃权选项的保留版权强制性政策更容易扩散。但是,绿色自由强制性政策也正在逐步得以发展。[20]

反对这三种类型的OA政策的具体案例都是随着时间的变化而变化的,而非永久性的。这些具体案例也是跟特定情况相关的,而所谓的特定情况也正处于快速变化之中。但是,对于那些希望移除获取障碍的机构来说,他们的战略是不变的:现在就应该尽自己最大的努力采纳最为强硬的政策,并且时刻等待可以强化这些政策的时机。

随着科研人员越来越熟悉开放存取,越来越多的机构采纳OA政策,越来越多的文献被强制性OA政策所覆盖,越来越多的付费获取期刊转变为OA期刊,越来越多的付费获取期刊适应强制性OA政策,甚至是越来越多的OA期刊从免费转向自由,科研机构就能够强化他们的OA政策,同时又不至于提高出版商对作者投稿的拒稿率,也不会提高作者选择弃权的比例。科研机构应该时刻关注不同利益主体权力的这种此消彼长的平衡关系,并要善于抓住机会强化自己的政策。

什么时候会是最好的机会,对此我们没有绝对的把握。机会的来临将不只是通过反对意见和反对事实得以凸显,也需要一些自我实现的领导能力。政策决策者不仅要评估由现有政策所导致的总体环境、现有政策的支持力度,同时也要评估他们的行为可能要产生的影响。每个强硬的新政策都会提高出版商适应开放存取的可能性;当采纳OA政策的大学和资助机构达到足够数量的时候,所有出版商将不得不适应这些政策。从这个意义上来讲,每个强硬的新政策都在为最终的胜利添砖加瓦。每一家采纳新政策的科研机构都实现了对自己研究产出提供OA服务,并为其他科研机构提供了更为简易的途径。跟其他许多政策议题一样,在OA政策领域,跟从要比领头远为容易。可喜的是,我们已经有一批先行者了。采纳OA政策的机构数量越来越多,每家机构采纳OA政策的行为本身就是对其他机构发出的不言而喻的邀请——通过共同的目的来加强科研机构自身的力量,并加速出版商对开放存取的适应能力。

什么时候会是最好机会，对此我们没有绝对的把握。他们……需要一些自我实现的领导能力。政策决策者不仅要评估由现有政策所导致的总体环境、现有政策的支持力度，同时也要评估他们的行为可能要产生的影响。

参考文献

[1] 该章节引用我之前发表的几篇文章。

《为资助机构和大学提供的 OA 政策选项》（Open access policy options for funding agencies and universities），发表于《SPARC 开放存取新闻通讯》（SPARC Open Access Newsletter）2009 年 2 月 2 日。网址：http：//dash. harvard. edu/bitstream/handle/1/4322589/suber_ oaoptions. html? sequence = 1

《大学 OA 政策的三大原则》（Three principles for university open access policies），发表于《SPARC 开放存取新闻通讯》（SPARC Open Access Newsletter）2008 年 4 月 2 日。网址：http：//dash. harvard. edu/bitstream/handle/1/4317659/suber_ 3principles. html? sequence = 2

《在存储 OA 资源过程中的作者首要性》（The Primacy of Authors in Achieving Open Access），发表于《自然》（Nature），发表时间为 2004 年 6 月 10 日。网址：http：//www. nature. com/nature/focus/accessdebate/24. html

《为电子版的学位论文提供 OA 服务》（Open access to electronic theses and dissertations），发表于《SPARC 开放存取新闻通讯》（SPARC Open Access Newsletter）2006 年 7 月 2 日。网址：http：//dash. harvard. edu/bitstream/handle/1/4727443/suber_ theses. htm? sequence = 1

[2] 关于资助机构和大学 OA 政策最好的列表是 ROARMAP（OA 知识库材料存储政策注册指南），网址：http：//roarmap. eprints. org；

如果你希望了解对大学 OA 政策的个案分析，请参考由 OA 追踪项目（Open Access Tracking Project）提供的带有""oa. case. policies. universities"标签的相关材料。网址：http：//www. connotea. org/tag/oa. case. policies. universities

如果你希望了解对资助机构 OA 政策的个案分析，请参考带有"oa. case. policies. funders"标签的相关材料。网址：http：//www. connotea. org/tag/oa. case. policies. funders

[3] 采纳请求性或鼓励性 OA 政策的大学包括：德国比勒费尔德大学（2005 年 6 月）、加拿大阿萨巴斯卡大学（2006 年 10 月）、卡耐基梅隆大学（2007 年 10 月）、瑞典农业大学（2008 年 2 月）、俄勒冈大学（2008 年 2 月）、华盛顿大学（2009 年 4 月）、荷兰乌德勒支大学（2009 年 4 月）、芬兰坦佩雷大学（2009 年 8 月）、弗吉尼亚大学（2009 年 9 月）、约克大学（2009 年 10 月）、意大利萨萨里大学（2010 年 1 月）、圣何塞州立大学（2010 年 4 月）、加拿大皇后大学（2010 年 4 月）、亚利

桑那州立大学（2010年10月）和埃默里大学（2011年3月）。

[4] 请参考阿尔玛·斯沃恩（Alma Swan）绘制的新的绿色OA强制性政策图表（从2002年到2010年）。网址：http：//www. openscholarship. orgjcmsc_ 6226/open - access - policies - for - universities - and - research - institutions? hlText = policies

也请参考ROARMAP网站的首页所提供的图表。该图表会随着在ROARMAP系统登记的信息自动更新。网址：http：//roarmap. eprints. org

大学采纳的政策必须尊重教师根据自己的意愿将作品提交给不同期刊的自由。请参见：《大学OA政策的三大原则》（Three principles for university open access policies），发表于《SPARC开放存取新闻通讯》（SPARC Open Access Newsletter）2008年4月2日。网址：http：//dash. harvard. edu/bitstream/handle/1/4317659/suber_ 3principles. html? sequence = 2

同样的原因，金色OA强制性政策也可能会是不太好的政策。如果对方对绿色OA和金色OA之间的区别不甚了解，那么向他/她推广绿色OA强制性政策并不是一个明智的做法。请参见《来自马里兰大学的教训》（Lessons from Maryland），发表于《SPARC开放存取新闻通讯》（SPARC Open Access Newsletter）2009年6月2日。网址：http：//dash. harvard. edu/bitstream/handle/1/4322585/suber_ mary land. html? sequence = 1

[5] 采纳漏洞强制性政策的大学包括苏黎世大学（2005年7月）、麦考瑞大学（2008年8月）、伦敦学院大学（2008年10月）、威斯敏斯特大学（2009年7月）、爱迪斯科文大学（2009年9月）、斯特拉斯克莱德大学（2009年10月）、都柏林理工学院（2009年12月）、布鲁内尔大学（2010年1月）、根特大学（2010年1月）、肯高迪亚大学（2010年4月）、卡尔斯鲁厄理工学院（2010年5月）、哈尔科夫国立大学（2010年8月）、蒙特圣文森学院（2010年10月）、马尔默大学（2010年12月）。

[6] 最初采纳存储强制性政策的机构是南安普顿大学电子和计算机科学系，时间为2003年2月5日。这是世界上第一家采纳这种类型政策的大学机构。网址：http：//roarmap. eprints. org/1

随后，南安普顿大学于2008年4月4日在全校范围上采纳了同类政策。网址是：http：//roarmap. eprints. org/8

斯蒂文·哈纳德（Stevan Harnad）非常欣赏这种模式，把它称为"即时存储/选择获取（immediate deposit / optional access）"，简称为IDOA，网址：http：//openaccess. eprints. org/index. php? /archives/71 - guid. html

跟南安普顿大学采纳同样政策的大学包括：昆士兰科技大学（首次于2003年9月采纳，随后不断强化）；米尼奥大学（首次于2004年12月采纳，随后不断强化）；

列日大学（首次于 2007 年 3 月采纳，随后不断强化）；比勒陀利亚大学（2009 年 5 月）；北科罗拉多大学（2009 年 12 月）；索尔福德大学（2010 年 1 月）；香港大学（2010 年 4 月）。

[7] 哈佛大学文理学院教师在 2008 年 2 月通过全体投票采纳了这种政策。网址：http：//osc. hul. harvard. edu/hfaspolicy

http：//dash. harvard. edu/bitstream/handle/1/4322574/suber_ harvard. html? sequence =1

现在，在哈佛的九大学院中，有七个学院采纳了类似的政策。网址：http：//osc. hul. harvard. edu

紧随哈佛大学文理学院之后，采纳保留版权强制性政策的大学或学院包括：哈佛大学法学院（2008 年 5 月）；斯坦福大学教育学院（2008 年 6 月）；哈佛大学肯尼迪政府学院（2009 年 3 月）；堪萨斯大学（2009 年 4 月）；俄勒冈大学图书馆（2009 年 5 月）；俄勒冈大学罗曼语系（2009 年 5 月）；哈佛大学教育研究生院（2009 年 6 月）；三一大学（2009 年 10 月）；奥柏林学院（2009 年 11 月）；维克森林大学图书馆（2010 年 2 月）；哈佛大学商学院（2010 年 2 月）；杜克大学（2010 年 3 月）；波多黎各大学法学院（2010 年 3 月）；哈佛大学神学院（2010 年 11 月）；夏威夷大学马诺分校（2010 年 12 月）；斯特拉思莫尔大学（2011 年 2 月）；哈佛大学设计研究生院（2011 年 4 月）。

也请参考西蒙．弗兰克尔（Simon Frankel）和香农．内斯特（Shannon Nestor）合作的《大学作者如何在自己的机构实施 OA 政策》（How Faculty Authors Can Implement an Open Access Policy at Their Institutions），由 Covington and Burling 律师事务所于 2010 年 8 月发布。在 SPARC 和 Science Commons 的联合授权下，这两位律师从法律的专业角度展开分析和论述，并推荐被哈佛大学和麻省理工学院采纳的保留版权强制性政策，利用该政策推进 OA 发展并规避版权陷阱。网址：http：//sciencecommons. org/wp‐content/uploads/Opening‐the‐Door. pdf

[8] 源自南安普顿大学的 EPrints 知识库软件在 2006 年 4 月份增加了电子邮件请求按钮。在同一周，来自米尼奥大学的一位开发者为 DSpace 知识库软件增加了这一功能，并发布了源代码。网址：http：//www. eprints. orgnewsfeatures/request_ button. php；https：//mx2. arl. org/Lists/SPARC‐OAForum/Message/2931. html

[9] 维康信托基金会 OA 强制性政策于 2005 年 10 月 1 日生效。网址：http：//www. wellcome. ac. uk/About‐us/Policy/Spotlight‐issues/Open‐access/Policy/index. htm

也请参考我针对这一政策撰写的文章，《维康信托基金会 OA 强制性正式生效》（The Wellcome Trust OA mandate takes effect），发表于《SPARC 开放存取新闻通讯》（SPARC Open Access Newsletter）2005 年 10 月 2 日。网址：http：//dash. harvard. edu/

bitstream/handle/1/4723858/suber_wellcometrust.htm?sequence=1

美国卫生研究生院采纳的自愿性政策于2005年5月2日生效,后来于2008年4月7日改为强制性政策。网址:http://publicaccess.nih.gov

也请参考我针对美国卫生研究院的OA政策所撰写的18篇文章。网址:https://mx2.arl.org/Lists/SPARC-OAForum/Message/5637.html

采纳保留版权强制性政策但没有提供弃权选项的资助机构包括:英国关节炎研究运动组织(the Arthritis Research Campaign)、英国肿瘤研究基金会(Cancer Research UK)、英国卫生部(the UK Department of Health)、霍华德休斯医学研究中心(the Howard Hughes Medical Institute)、英国医学研究理事会(the UK Medical Research Council)和瑞典研究理事会(the Swedish Research Council)。

在一份关于英国OA发展现状的研究报告中,研究传播中心(the Centre for Research Communications)建议英国的资助机构"对版权采取强硬态度,在跟任何出版商签署协议之前都要保留用于OA存储目的的版权"。参考2010年7月发布的《研究传播战略季度研究报告》(Research Communication Strategy Quarterly Report)。网址:http://ie-repository.jisc.ac.uk/488/2/RCS_quarterly_report_July_2010_anonymised.pdf

[10] 关于出版商适应美国卫生研究院政策的相关信息,请参考开放存取知识库列表,网址:http://oad.simmons.edu/oadwiki/Publisher_policies_on_NIH-funded_authors;http://www.arl.org/sparc/mediablogpublishers-accommodate-nih-funded-authors.shtml

[11] 《为资助机构和大学提供的OA政策选项》(Open access policy options for funding agencies and universities),发表于《SPARC开放存取新闻通讯》(SPARC Open Access Newsletter)2009年2月2日。网址:http://dash.harvard.edu/bitstream/handle/1/4322589/suber_oaoptions.html?sequence=1

[12] 如果想了解关于我支持为学位论文提供OA服务的理由的更多信息,请参考《为电子版的学位论文提供OA服务》(Open access to electronic theses and dissertations),发表于《SPARC开放存取新闻通讯》(SPARC Open Access Newsletter)2006年7月2日。网址:http://dash.harvard.edu/bitstream/handle/1/4727443/suber_theses.htm?sequence=1

如果想了解关于对学位论文的强制性OA政策信息,请参考ROARMAP,网址:http://roarmap.eprints.org

世界上最早将用于评定职称的研究论文局限于那些在机构知识库上存储的论文的机构是纳皮尔大学(现改名为爱丁堡纳皮尔大学)和列日大学,这两家机构都是在2008年制定这条规则。之后，就涌现了一批追随者，包括中国科学院科学图书馆、俄勒冈大学罗曼语系、印度热带农业国际研究中心、加拿大建筑研究中心。

[13] 该章节引用我之前发表的几篇论文。

《为电子版的学位论文提供 OA 服务》（Open access to electronic theses and dissertations），发表于发表于《SPARC 开放存取新闻通讯》（SPARC Open Access Newsletter）2006 年 7 月 2 日。网址：http://dash.harvard.edu/bitstream/handle/1/4727443/suber_theses.htm?sequence=1

我在与简．维尔特罗普（Jan Velterop）的对话（2007年3月4日）中对"强制性（mandate）"这个用词做了评价。网址：http://theparachute.blogspot.com/2007/03/mandate-debate.html#9025093357099085662

《澄清对开放存取误解的参考指南》（A field guide to misunderstandings about open access），发表于《SPARC 开放存取新闻通讯》（SPARC Open Access Newsletter）2009 年 4 月 2 日，网址：http://dash.harvard.edu/bitstream/handle/1/4322571/suber_fieldguide.html?sequence=1

[14] 请参见斯图亚特．什尔博（Stuart Shieber）关于"强制性（mandate）"的理解，网址：http://blogs.law.harvard.edu/pamphlet/200906/30/university-open-access-policies-as-mandates

[15] 请注意很多资助机构有意避免用"合同"这个术语指称他们所提供的资助协议，更倾向于认为这是对受资助者的礼物或奖励。

[16] 请参考阿尔玛．斯沃恩（Alma Swan）和谢里顿．布朗（Sheridan Brown）合作的《作者和 OA 出版》（Authors and open access publishing），发表于《学术出版》（*Learned Publishing*）2004 年第 17 卷第 3 期，起讫页码为 219-224。斯沃恩（Swan）和布朗（Brown）合作的调查报告《开放存取自我存储：基于作者的调查》，2005 年发布。网址：http://eprints.ecs.soton.ac.uk/11003；http://cogprints.org/4385

如果你希望了解关于作者自我存储比例的更多更新的研究，请参考久美子．维真（Kumiko Vézin）于 2008 年发布的研究（该研究的结果显示 83% 的比例）和格雷尔姆．斯通（Graham Stone）在 2010 年发布的研究（该研究的结果显示 86% 的比例）。网址：http://eprints.rclis.org/handle/10760/12731；http://eprints.hud.ac.uk/9257

[17] 请参考我的文章《全体一致通过的投票》（Unanimous faculty votes），发表于《SPARC 开放存取新闻通讯》（*SPARC Open Access Newsletter*）2010 年 6 月 2 日，网址：http://dash.harvard.edu/bitstream/handle/1/4723857/suber_votes.htm?se-

quence = 1

自从我的文章发表以来,我把全体投票通过的政策的列表搬迁到 OA 知识库(Open Access Directory),这是一个由社区经营并不断扩大的维基网站。网址:http://oad.simmons.edu/oadwiki/Unanimous_ faculty_ votes

请注意全体教师一致投票通过的政策大多数都是强制性 OA 政策,但不全都是。

[18] 该章节引用我之前发表的几篇文章。

《哈佛大学的 OA 强制性政策》(The open access mandate at Harvard),发表于《SPARC 开放存取新闻通讯》(SPARC Open Access Newsletter)2008 年 3 月 2 日,网址:http://dash.harvard.edu/bitstream/handle/1/4322574/suber_ harvard.html? sequence = 1

《大学 OA 政策的三大原则》(Three principles for university open access policies),发表于《SPARC 开放存取新闻通讯》(SPARC Open Access Newsletter)2008 年 4 月 2 日。网址:http://dash.harvard.edu/bitstream/handle/1/4317659/suber_ 3principles.html? sequence = 2

《为资助机构和大学提供的 OA 政策选项》(Open access policy options for funding agencies and universities),发表于《SPARC 开放存取新闻通讯》(SPARC Open Access Newsletter)2009 年 2 月 2 日。网址:http://dash.harvard.edu/bitstream/handle/1/4322589/suber_ oaoptions.html? sequence = 1

《开放存取 2010 年度进展》(Open access in 2010),发表于《SPARC 开放存取新闻通讯》(SPARC Open Access Newsletter)2011 年 1 月 2 日。网址:http://dash.harvard.edu/bitstream/handle/1/4736588/suber_ oa2010.htm? sequence = 1

[19] 这就是为什么大型机构的强制性 OA 政策如此重要的原因。美国国家卫生研究院是世界上最大的非加密研究资助机构。出版商没有实力拒绝出版受国家卫生研究院资助的成果,因此,所有的出版商都选择了适应它的强制性 OA 政策。网址:http://oad.simmons.edu/oadwiki/Publisher_ policies_ on_ NIH – funded_ authors

[20] 英国公共医学中心(UK PMC)报告年度存储比例(自由 OA 存储,而不仅仅是免费 OA 存储)从 2001 年的 7% 上升到 2009 年的 33%。网址:http://ukpmc.blogspot.com/2011/04/increasing – amount – of – content – in – ukpmc.html

光是在 2010 年度,就有 7 家采纳绿色 OA 强制性政策的机构要求实施某种程度的自由 OA,包括:亚利桑那州立大学图书馆、澳大利亚国立大学、哈佛大学商学院、哈佛大学神学院、萨萨里大学、瑞典皇家图书馆、以及代表 34 家机构的华盛顿社区和技术学院的州立委员会。不管我们把上述这些机构采纳的政策看成是 7 家单位(从法律主体的角度来看)还是 40 家(从覆盖的机构来看),数量都已经大大超过了在 2009 年采纳自由绿色政策的 3 家单位了。网址：http：//dash.harvard.edu/bitstream/handle/1/4725027/suber_ octmandates.htm? sequence =1

继续往前追溯，2007 年维康信托基金会和英国 PMC 资助者同盟（UKPMC Funders Group）要求，不管他们在什么时候支付出版费用，都需要实施绿色自由 OA。这一要求不仅仅适用于那些正在开展的研究。网址：http：//www.wellcome.ac.uk/about – us/policy/spotlight – issues/Open – access/Guides/wtx041316.htm

在 2009 年，美国医学研究所召集了主要公共和私人资助机构，这些资助机构都提倡将医学研究成果实施强制性的绿色自由 OA 存储。他们包括：盖茨基金会（Gates Foundation）、宝威基金（Burroughs Wellcome Fund）、默克公司基金会（Merck Company Foundation）、洛克菲路基金会（Rockefeller Foundation）、美国卫生和人类服务部（U.S. Department of Health and Human Services）、美国国土安全部（U.S. Department of Homeland Security）以及美国国务院（U.S. Department of State）。网址：http：//www.earlham.edu/~peters/fos/2009/05/us – commitment – to – global – health – should.html

在 2010 年 10 月，一笔来自盖尔基金会（Gates Foundation）2000 万美元的资助项目——"下一代的学习挑战项目（the Next Generation Learning Challenges）"——要求对受该项目资助的研究成果实施自由 OA 存储。网址：http：//creativecommons.org/weblog/entry/23831

在 2011 年 1 月，美国劳工部和教育部宣布 TAACCCT 项目（the Trade Adjustment Assistance Community College and Career Training）。该项目为期 4 年，为要求基于 CC – BY 协议实施自由 OA 存储的开放教育资源提供 20 亿美元的经费资助。网址：http：//www.whitehouse.govblog2011/01/20/new – job – training – and – education – grants – program – launched

http：//dash.harvard.edu/bitstream/handle/1/4736319/suber _ anotherfed.htm? sequence =1

伯克曼研究中心（Berkman Center）于 2009 年 8 月发布的《对私立基金会版权许可政策、实践及机会的评估报告》（Evaluation of Private Foundation Copyright Licensing Policies, Practices and Opportunities）和 2011 年 2 月分布的《根特宣言》（the Ghent Declaration）都推荐采纳绿色自由 OA 政策。网址：http：//cyber.law.harvard.edu/sites/cyber.law.harvard.edu/files/OCL_ for_ Foundations_ REPORT.pdf；http：//www.openaire.eu/index.php? option = com_ content&view = article&id =223: seizing – the – opportunity – for – open – access – to – european – research – ghent – declaration – published&catid =76: highlights&lang = en

81

第 5 章 范 围

正如我们在第 1 章所看到的，从理论上讲，任何类型的内容都可以成为 OA 资源。任何类型的内容都可以被数字化，任何类型的数字化内容都可以放在网络上而不设价格障碍和许可障碍。从这个意义上来讲，开放存取的对象范围是所有的内容资源。因此，与其说开放存取适用于某些类型或题材（而不适用于另外类型或题材），倒不如说有些类型的资源比较容易实现开放存取（而另外一些类型的资源不太容易实现开放存取）。

虽然自然科学领域的 OA 资源发展得最为迅猛，但是开放存取并不局限于自然科学领域，它可以延伸到人文和艺术领域。虽然发达国家的 OA 资源数量最多，但是开放存取并不局限于发达国家，同时也囊括来自发展中国家的科研成果。（反之亦然，虽然发展中国家对 OA 资源的需求最大，但是开放存取也不局限于发展中国家。）虽然人们最倾向于认为受公共资助机构资助的研究成果应该成为 OA 资源，但是开放存取并不局限于受公共资助机构资助的科研成果，同时也包括受私人资助机构资助的科研成果以及不受任何资助机构资助的科研成果。虽然大多数 OA 政策都聚焦于当前和将来的研究产出，但是开放存取并不局限于当前和将来的研究产出，同时也涉及过去已经出版的成果。虽然原生数字作品成为 OA 资源的技术障碍最低，但是开放存取并不局限于原生数字作品，同时也覆盖源自纸张、缩微胶片、胶卷和其他媒介上的数字化作品。同时，开放存取也不局限于文本，也包括数据、音频、视频、多媒体以及可执行的代码。

目前在实践中已有各类运作相当成功的案例，倡导为学者提供各种有用的内容的免费获取服务，这些内容资源包括：

- 经过同行评审的研究论文；
- 即将接受同行评审但尚未评审的研究论文的预印本；
- 学位论文；
- 研究数据；

- 政府数据；
- 源代码；
- 会议资料（文本、幻灯片、视频、声频等）；
- 学术专著；
- 小说、故事、戏剧、诗歌；
- 报纸；
- 档案记录和手稿；
- 图片（艺术品、照片、图表、地图等）；
- 教学和学习材料（"开放教育资源"和"开放课件"）；
- 数字化的印刷作品（有些已经进入公共领域，有些尚处于版权保护期）。

对于有些类型的内容（比如数据和源代码），我们需要利用开放存取加快对科学实验的测试和再操作。对于有些类型的内容（比如数据、图片和源自其他媒介的数字化作品），我们需要开放存取以便为读者提供同样的机会用于分析作者所拥有的原始文献。对于其他类型的内容（比如论文、专著、学位论文、会议资料），我们需要开放存取与可能会从中受益的每个人分享这些研究结果和讨论分析。

如果要对每种类型的内容都展开论述，可能需要很长的篇幅。这里，我重点介绍以下几种类型。

5.1 预印本、后印本和同行评审[1]

纵观开放存取的整个发展历史，我们发现刚刚接触开放存取的人都会认为它绕过同行评审。这种看法其实是错误的，对开放存取的发展也是有害无益的，不过我们正在逐步纠正这种误解。开放存取的目的是移除获取障碍，而非充当质量过滤器。现在，人们已经意识到许多同行评审 OA 期刊的质量是非常高的，许多高质量的付费获取期刊也在试验 OA 模式，作者自我存储的同行评审论文数量也正在快速增长。不幸的是，许多刚接触开放存取的人都没有意识到这些发展，并仍然认为开放存取的目的是绕过同行评审。其中，有些人反对这种发展前景，但有些人乐在其中，他们的激情使这种误解在更大范围内得以传播。

所有支持开放存取的公共宣言都强调同行评审的重要性。大多数人对开放存取的热情其实是为经过同行评审文献提供 OA 服务的热情。同时，我们也意识到在为这个目标而努力奋斗的许多人同时也在探索存在于同行评审体系之外的其他学术传播新形式，比如预印本、博客、维基、数据库、论坛以及社会化媒体。

在开放存取的行业术语中，"预印本"是指论文在同行评审之前的任何版本，比如在同事之间流传的版本或者提交给期刊但尚未经过同行评审的版本。"后印本"是指通过同行评审的任何版本。绿色 OA 的范围有意地同时囊括预印本和后印本，就像金色 OA 有意识地包括同行评审一样。[2]

我们可以说关于 OA 预印本的相关倡导关注的是绕过同行评审。但是，更加准确的表述是：OA 预印本关注的是肯定需要同行评审但尚未经过同行评审的论文。预印本交换的兴起不是因为它们避开了同行评审，而是因为它们推延了同行评审。它们使新论文能够为本领域的人更快地获取，为同行的引用、讨论和合作提供了更早的机会。到底有多快呢？在作者做好公开论文准备的那一刻就可以公开论文。

对读者而言（尤其是那些跟踪学科发展的读者），为预印本提供 OA 服务具有明显的好处。但是，作者通过 OA 预印本获取的好处大大超过读者所得到的好处。预印本交换可以使作者尽早地确定自己在这个问题上的优先权（历史上也是如此。在 17 世纪，期刊取代图书成为学术传播的主要文献载体，其主要原因很有可能是因为期刊的出版周期明显快于图书，这样就可以赋予作者公开发表时间的权威证明）。

预印本的交换传统早在互联网之前就存在了，但是开放存取使它变得速度更快、范围更广、更为有用。虽然具有诸多优点，但是预印本交换并不能代表整个 OA 运动或者甚至是整个绿色 OA 运动。相反，大多数绿色 OA 和大多数所有的 OA 项目都致力于经过同行评审的论文。

学者们一旦拥有了数字网络连接设备（用于与同行进行联络），他们就马上开始使用这些设备改进同行评审机制。我们能否利用网络找到优秀的评审人员，或者收集、共享和评价他们的意见？我们能否利用网络取代传统的同行评审模式，提高运作效率？我们能否利用网络取得比传统方式更好的效果？对于上述的所有问题或部分问题，许多学者的答案都是肯定的。许多持肯定答案的学者也是支持开放存取的。其中一个影响就是开始尝试同行评审的各在开放存取的行业术语中,"预印本"是指论文在同行评审之前的任何版本,比如在同事之间流传的版本或者提交给期刊但尚未经过同行评审的版本。"后印本"是指通过同行评审的任何版本。

种新形式（其实这种举动早就应该发生了）。另外一个影响就是错误地认为开放存取的出现迫使启动同行评审的改革。比如，许多人认为开放存取要求某种特定形式的同行评审，偏爱某些类型的同行评审而疏远其他类型的同行评审；进而认为只有当我们就最佳形式的同行评审达成共识的时候，同行评审才可以得以进展。这些看法都是偏颇的。

开放存取与各种类型的同行评审都不矛盾，从最为传统保守的形式到最富有创新意识的形式。有些 OA 期刊有意地采用传统的同行评审模式，只是稍微改变一下学术期刊的获取方式。有些 OA 期刊则有意地采用非常创新的同行评审模式，推动同行评审机制的变革。开放存取只是一种获取的类型，而不是一种编辑政策。从本质上讲，正如它不会与某种特定的商业模式或数字保存的方法捆绑一样，它也不会捆绑于某种特定的同行评审模式。

在一种例外或特殊的情况下，存储 OA 资源和改革同行评审这两件事情是相互独立，没有任何关联的。换言之，我们可以在不需要同行评审的前提下存储 OA 资源，我们也可以在不需要存储 OA 资源的前提下改革同行评审机制。这一例外情况就是以开放存取为先决条件的同行评审制度的某种新形式。

比如说，开放评论（open review）先使投稿论文在正式出版之前成为 OA 资源，然后邀请社区成员参与评论。有些采纳开放评论机制的期刊将会借鉴这些评论意见以决定是否接受这篇文章并最终出版；有些期刊则已经接受这篇论文，使用这些评论意见来评价由期刊本身启动的质量认证功能。开放评审要求首先开放存取，但是开放存取并不要求首先开展开放评审。

同行评审并不依赖于期刊的价格或期刊的载体，包括其价值取向、严格程度以及职业操守。由于 OA 期刊可以采用跟最好的付费获取期刊同样的评审程序、同样的评审标准、甚至是同样的评审人员，所以 OA 期刊的同行评审的严格程度绝不会亚于最好的付费获取期刊。如果当付费获取期刊在没有改变原先的评审方法和评审人员的前提就转变为 OA 期刊，OA 期刊的同行评审的严格程度也会与之前的保持一致。

5.2 学位论文[3]

学位论文是最为有用的灰色文献，也是有用文献中最难被发现的资源类型。由于学位论文质量高，但可见度又差，所以非常有必要解决它的获取问题。

幸运的是，对数字化的学位论文提供 OA 服务比任何其他类型的研究性文献都要容易。作者还没有把版权转让给出版商，因此不需要获取出版商的许可，不需要考虑出版商的顾虑，也不会因为需要跟出版商协商而导致进展缓慢或结果不明。现在几乎所有的学位论文都是原生数字作品，大学希望学生作者提供学位论文的电子版，也通常为用户提供学位论文的 OA 服务，这跟传统期刊出版商完全是不一样的。

在为学位论文提供 OA 服务的过程中，最大的障碍似乎是作者担心把学位论文变为 OA 资源后会降低期刊接受改编后的论文的意愿（有些作者会根据期刊论文的篇幅要求改编学位论文，然后投稿给学术期刊）。尽管这种担心不无道理，但事实证明在大多数情况下这种事情不会发生。[4]

大学在为学位论文提供 OA 服务的同时其实也是在告诉下一代的学者提供 OA 服务是非常简单、非常有用、同时也是有章可循的。这些大学在帮助学生培养自我存储的终身习惯，并引导他们在以后的道路上做得更好。学位论文变成 OA 资源后，其读者群将远远超过学位论文委员会成员。从这个角度来看，OA 政策使学生拥有更好的动力来从事这项枯燥而又不能利用剽窃手段敷衍了事的写作工作。

既然大学要求学生的学位论文具有创新性和重要的研究价值，那么就应该把这些学位论文公之于众，就好像他们希望大学教师能把自己的新作品公之于众一样。大学通过与他人分享这些符合高标准的学位论文，一方面可以很好地展示大学自身的实力，同时可以使同一领域内其他科研人员受益匪浅。大学通过年轻的学生作者推动科研进展的使命是有两个步骤（而非一步到位）的。首先，帮助学生生产优秀的作品；然后帮助他人找到和使用这些优秀的作品。

5.3　图书[5]

OA 运动之所以聚焦于期刊论文，是因为期刊并不为作者支付稿酬。这也使得论文作者在同意开放存取之时不会丧失任何经济收入。与此形成对比的是，图书作者通过出版图书赚取版税或者希望通过出版图书赚取版税。

不追求版税的文献和希望赚取版税的文献之间存在很大的差别，因此许多 OA 活动家就单单地把 OA 运动聚焦于期刊论文，而把图书放在一边。我倡导的则是一条不同的策略：把期刊论文视为低悬（伸手就能够得着）的果实，把图书视为高悬（伸手不一定就能够得着，但不是不允许采摘的）的果实。甚至还有理由认为某些类型图书提供 OA 服务比期刊论文还要容易。

开放存取的范围应该是由作者的意愿决定的，而非文献的类型或题材。想象一下一位拒绝将自己的论文变为 OA 资源的作者。大门已经开启，但是作者并不愿意从中经过。这一场景有助于我们意识到放弃收入只与作者的意愿有关。不管作者的选择行为是否建立在放弃收入的基础上，作者只要选择放弃，就足够了。按此思路，即使作者撰写原本可以获得版税的图书，但是如果本人同意提供 OA 服务的话，我们也可以为该图书提供 OA 服务，就像我们为论文提供 OA 服务一样。

即使图书是高悬的果实，它们也不是遥不可及的。下面两个理由在说服图书作者同意开放存取方面非常奏效。

1. 大多数学术专著的版税寥寥无几。如果你的版税还不错，那就恭喜你了。（我曾经通过撰写学术专著赚取了一些版税；我非常感激，我也希望所有希望赚取版税的作者能够成功。）开放存取并不要求作者做出新的牺牲或者放弃版税，开放存取只是希望作者权衡版税和开放存取所带来的好处（主要是由此带来更多的读者和更大的影响力）。对于许多图书作者来说，开放存取所带来的好处可能会超过版税的价值，前者比较明显，而后者（现实中的版税）会比较少。

2. 越来越多的证据表明对于某些类型的图书，图书的 OA 版会促进印刷版的销售。因此，开放存取或许还能提高作者的版税收入，而不是减少作者的版税收入。

第一个观点是认为即使图书实施开放存取需要放弃版税，但开放存取本身所带来的好处也会超过版税的价值。第二个观点是认为开放存取或许根本不会减少作者的版税，相反，不提供 OA 版的传统出版物则可能会面临丧失潜在的版税收入的风险。实际上，这两种说法都指出作者对此应该持更为实证的态度。不要盲目地认定自己的版税会很高（事实上版税是非常低的），也不要盲目地认定开放存取一定会降低图书的销量（事实上开放存取可能会提高图书的销量）。

这两个说法都适用于作者，但第二个说法也适用于出版商。如果作者已经把版权（包括是否将作品变为 OA 作品的决定权）转让给了出版商，那么这个时候是否提供 OA 服务就取决于第二个说法能否奏效了。越来越多的学术图书出版商已经被成功说服,或者表现出极大的兴趣并开展相关的试验工作。[6]

许多作者非常希望出版图书的印刷版。上述的第二个观点不仅与出版印刷版不矛盾,而且在很大程度上是立足于印刷版的。这种模式就是"赠送OA版+销售印刷版"。其印刷版通常是借助按需印刷的技术来实现的。[7]

为什么有人会在可以免费获取全文的前提下购买印刷版图书呢?究其原因,许多人并不愿意在屏幕上阅读整本图书,也不愿意在自己的打印机上打印整本图书。他们利用OA版来检索内容和体验阅读。如果他们发现这本书能够激起自己的阅读兴趣,或者发现这本书符合个人的内容和质量需求,就会购买一本印刷版图书。

在过去的十年期间,越来越多的证据表明这种现象发生在某些图书或某些类型的图书身上,尽管这种现象并不适用于其他图书或其他类型的图书。比如说,这种现象通常会发生小说和学术专著的身上;对于这两类图书,读者希望通篇阅读或者进行收藏。但是,这种现象不怎么会发生诸如百科全书这样的图书身上;对于这样的图书,读者需要阅读的可能只是其中的一个章节而已。

由于我们不能同时出版一本带有OA版和不带OA版的图书用来比较各自的销量,因此问题之一就是如何开展控制实验。(如果我们先是出版不带有OA版的图书,随后再出版OA版,这中间的时间差本身就会影响图书的销量。)另外一个影响因素就是现在的电子书阅读器的界面和功能发展得越来越友善。在这种前提下,如果上述的"OA版有助于促进印刷版销售"的现象确实存在,并且这种现象的成因是阅读电子书所带来的人体不舒适的话,那么阅读设备的推陈出新势必会使这种现象逐渐消失。如果"OA版有助于促进印刷版销售"的现象并不是由于(或不完全依赖于)数字阅读所存在设备障碍引起的话,那么不管技术如何发展,这种现象将会长期存在。目前仍然需要开展更多的试验工作来求证上述的猜测,并且这些试验工作必须是在快速变化的环境中开展的。对于我们来说,这一点既是幸运的,也是不幸的。[8]

自从1994年3月份开始,美国国家学术出版社就在出版收费的印刷版学术专著的同时出版免费的OA版。在过去的这么多年中,出版技术部经理迈克尔·詹森(Michael Jensen)发表了系列文章,这些文章都表明图书的OA版确实能够提高付费获取版本的实际销量。[9]

在2007年2月份,美国大学出版社协会发布了一则关于开放存取的声明,号召对专著的OA出版模式和混合出版模式(OA模式和付费获取模式并存）开展试验研究。截止2011年3月份，美国大学出版社协会报告说17家成员单位（占调查对象的24%）已经开始出版图书全文的OA版。[10]

现在的问题不在于是否有读者会在没有购买付费获取版本的前提下阅读OA版本（有些读者会这么做），也不在于是否会有更多的阅读OA版的读者会购买付费获取版。问题的关键在于：相对于不提供图书OA版本的情况，提供OA版本是否会使得购买付费获取版本的读者数量变多（理由是提供图书OA版本会提醒读者有这本书的存在，并帮助他们评估这本书的质量和与自己需求的相关度）。如果受OA版本影响而去购买印刷版图书的读者数量足够多，那么我们就不需要在意是否同时存在许多受OA版的影响却仍然没有购买印刷版图书的读者了。

如果图书作者和出版商仍然心存顾虑，那么可以选择在图书正式出版后的6个月或一年之后再发行OA版本。在印刷版出版的6个月或一年内，读者只有通过付费才可以获取这本专著。但是，出版商在此期间可以提供摘要和元数据的OA服务，以帮助读者和潜在购买者找到这本书并评估这本书是否符合自己的需求。

在今天，甚至对于最年轻的学者来说，他们成长的环境是大学图书馆的印刷版图书数量仍然多于在线免费OA图书。但是，大学图书馆的印刷版图书与在线免费OA图书的比例在2006年前后发生了颠覆性的变化。现在，在线免费OA图书的数量要比一所普通的学术型图书馆的纸质藏书量还要多。我们现在走向下一个十字路口，届时在线免费OA图书的数量将超过世界上藏书量最大的图书馆的馆藏。

几年前，我们将OA运动聚焦于期刊论文，并深信：相比任何类型的纸质图书（包括那些已经处于公共领域的图书），为期刊论文提供OA服务更为容易。但是，我们错了。现在仍然有很好的理由应该把期刊论文作为OA运动的发展核心战略，我们也仍然在期刊论文的OA发展方面进展顺利。但是，图书扫描项目的快速发展告诉我们误解、惯性和法律障碍是比数字化技术问题更能阻碍我们对图书提供OA服务的因素。对于已经处于公共领域的图书来说，法律许可问题已经解决了。对百万册的图书进行数字化是一项巨大的技术工程，但是相对于把百万篇拥有版权的论文发表在OA期刊或者存储在OA知识库中（即使这些论文的作者在同意开放存取的时候不会丧失经济收入），数字化工程还是一个相对较小的问题。为新的期刊论文提供OA服务会面临出版商的反对,也会遭受包括作者和出版商在内的相关利益主体的误解。正如已故的吉姆．格雷(Jim Gray)先生过去经常讲的,"真是希望你所碰到的问题都是技术方面的问题。"

5.4 获取什么?[11]

不是科研人员希望检索并阅读的所有文献都可以被称为"知识"。我们希望获取重要的资料,即使这些资料最后被证明是错误的或者不完整的。我们希望获取重要的假设,即使这些假设仍然处于验证阶段,其真伪性尚未被证实。我们希望获取可以用来支持我们正在评估的项目或观点的数据和资料。我们希望获取所有的观点、证据和讨论意见。我们希望获取能够帮助我们判定哪些属于知识的所有资料,而不仅仅是我们已经同意把它称之为"知识"的资料。如果对文献的获取取决于争论和探求的结果,那么这种对文献的获取就不能为争论和探求做出自己的贡献。

我们并没有一个很好的术语用来命名这种比"知识"范围更大的门类,这里我就先把它称为"研究"。研究包括知识、知识命题、假设和猜想、辩论和分析、事实和数据、算法和方法、批评和异议、总结和评论。为"研究"实施开放存取应该是对上述所有的内容实施开放存取。当我们不能获取上述内容的时候,研究和探究工作就会受到阻碍。

有些人把期刊论文称之为科学的"纪要",就好像是对科学发展的小结一样。但是期刊论文远胜于此。如果会议纪要的作用是总结讨论,那么期刊论文就是讨论本身的一大部分。而且,在一个充斥着学术会议、预印本服务器、博客、维基、数据库、服务列表和电子邮件的时代,期刊论文绝不是讨论的全部。维基百科旨在对知识概要提供 OA 服务,"明智地"拒绝接受具有原创性的研究论文。但是,更大范围的 OA 运动希望对知识和原创性研究论文本身也都提供 OA 服务,以及全面细致的讨论(包括我们已经知道的和尚未知道的)。也希望对一次文献和二次文献提供 OA 服务,这些知识需要通过一个既不连续又不稳定的混乱过程才得以最终成型。混乱性和不稳定性是讨论本身所具有的特征,而不是讨论纪要的特征。期刊论文不仅仅是对这个过程的报告,而且是这个过程本身的主要通道。开放存取的价值不仅在于使这个过程公开化,而且促进了这个过程的进展,使其更加有效、更加快速、更加透明以及更加全球化。[12]

我们希望获取所有的观点、证据和讨论意见。我们希望获取能够帮助我们判定哪些属于知识的所有资料，而不仅仅是我们已经同意把它称之为"知识"的资料。如果对文献的获取取决于争论和探求的结果，那么这种对文献的获取就不能为争论和探求做出自己的贡献。

我们只有在获取他人的研究成果后才能从中受益。为了达到这个目的，这项研究是属于自然科学领域还是人文社科领域并不重要。我们首先要获取医学或物理学研究成果，然后才可以利用它处理疾病或设计更加有效的太阳能电池。我们首先要获取对于地震的预测资料，然后才可以利用它部署应急措施[13]。同样地，为了理解《荷马史诗》中一段艰涩的文字或者畅谈对认识怀疑论的理解，我们首先需要获取文学和哲学领域的相关研究成果。

出于实际利用的考虑，这种对比关系并不是理论研究和应用研究的关系，也不是自然科学和人文社科的关系。这种对比关系其实是任何类型的研究成果处于开放状态和处于封锁状态（通过设置价格和许可障碍人为地"锁住"资源）的关系。不管研究成果是服务于强身健体或者启迪心智的目的，服务于供给能源或者启蒙思想的目的，服务于合成蛋白或者保障公共安全的目的，开放存取都有助于更快更好地实现这些目的。

5.5 为谁获取？

答案：人类和机器。

5.5.1 为非专业读者提供 OA 服务[14]

有些人反对开放存取，理由是认为不是所有的人都需要它。这种观点有点类似于反对发明一种安全而又有效的新药物，因为也不是所有的人都需要它。不是每个人都需要开放存取，这一点很容易达成共识。但是就开放存取的具体个案而言，要想识别和确定谁需要它、谁不需要它可就没这么容易了。而且，只向需要的人提供 OA 服务，而拒绝向其他人提供 OA 服务也不是很容易的事情；同时这种做法也是没有道理可言的。

开放存取允许我们为每个需要的人提供获取服务，也没有去猜想到底谁真正需要它，到底谁值得拥有这种获取途径，到底谁将会从中真正受益。为拥有网络连接的每个人提供获取服务，这可以帮助作者扩大自己的读者范围、提高论文的影响力，这也可以帮助那些希望获取论文的读者如愿以偿地获取论文。这其中的理念就是不再将知识视为只是服务于顾客的商品，而是开始将知识视为一种公共产品，尤其是当这种知识是由作者无偿赠送或者受资助于公共经费或两者兼有的时候。[15]

有些来自付费获取期刊的说客争辩说开放存取的目标其实是为非专业读者提供获取途径。基于此，他们提出自己的观点——非专业读者并不关心科研的前沿进展，即使他们努力阅读了，也是读不明白的。有些出版商则更进了一步，认为非专业读者获取研究成果其实是有害而无益的。[16]

这种论述是有两个步骤的。首先，开放存取的服务对象主要是非专业读者；其次，非专业读者并不需要开放存取。仔细深究，每个步骤的论述都是有问题的。第一个步骤严重忽视了专业科研人员尚未满足的获取需求（似乎所有的科研人员都已经能够获取他们所需的所有文献了），而第二个步骤则忽视了非专业读者尚未满足的获取需求（似乎非专业读者都没有必要去获取文献了）。

我们认为第一个步骤是有存心欺骗的嫌疑，理由之一就是它有意忽视了一个再明显不过的事实——OA运动的发动者是一群希望为自己获得开放存取好处的科研人员；它也同时忽视了即使对于专业科研人员来说同样也存在巨大的获取鸿沟这一事实。（参见章节2.1关于问题。）

第二步骤的问题在于这是一种不负责任的任意假设。你怎么事先知道非专业读者对同行评审研究论文的需求程度如何？当同行评审论文是基于付费获取模式并且价格昂贵的时候，非专业读者和消费者没有去获取这些文献并不能说明他们没有这种需求，就好像人们没有造访诺克斯堡金库并不能说明对黄金没有需求一样。为了识别读者没有去获取文献到底是没有获取途径还是没有获取兴趣所致，我们首先必须移除对文献的获取障碍。这种实验已经开展了不止一次。举个例子，当美国国家医学图书馆将其资源转变为OA模式，访问其网站的用户是之前访问人数的100多倍。[17]

还存在一种与上述说法比较相关的常见说法，即认为上网浏览的非专业读者很容易被未经证实的报告、被推翻的理论、奇闻异事以及江湖郎中式的治疗方案所误导。即使这种说法是正确的，它也不应该成为反对为同行评审论文提供免费的在线获取服务的理由。如果我们真的是担心网络垃圾的话，我们应该提高高质量的研究文献的数量，从而降低垃圾网络文献的相对比例，而不是任由这些垃圾网络文献的存在，不去质疑它，也不去纠正它。

许多非医学专业人士（这些人可能是其他领域的专业人士）希望获取医学研究成果，从而可以了解自己的情况或者家人的情况。就算这类人群数量非常稀少，希望服务于自己的医生、护士和医院能够获取这些文献的民众肯定不在少数，希望为自己的利益工作的非营利性研究机构（比如艾滋病疫苗倡导联盟、胱氨酸病研究网、美国先天性脊椎裂研究协会）能够获取这些文献的民众也肯定不在少数。反过来，医生、护士、医院和医学非营利性研究机构的实验研究人员也希望自己能够获取这些文献。正如我在前面提到的（章节1.2），开放存取使科研人员直接受益，同时通过受益科研人员进而使每个人也都间接受益。[18]

一项于2006年5月份发布的哈里斯民意调查结果表明，大多数的美国人都希望受公共经费资助的科研成果为社会和公民提供OA服务。83%的被调查者希望他们的医生可以免费获取这些研究成果，82%的被调查者希望每个人都可以免费获取这些研究成果。81%的被调查者认为开放存取有助于医生和自己的家人处理慢性疾病和残废病。62%的被调查者认为开放存取有助于出台新的治疗方案。对于问卷中的每个问题，有些被调查者选择了"既不同意也不反对"的选项（比例在13%到30%之间），这也表明了只有少数的被调查者明确反对OA知识库的建设。只有3%的被调查者不希望他们的医生可以免费获取研究成果，4%的被调查者不希望自己可以免费获取研究成果，5%的被调查者认为开放存取对病人或家人没有任何的帮助。[19]

毫无疑问，阅读同行评审论文的专业人士和非专业读者的比例在不同的学科领域差别会很大。但基于OA政策目的的考虑，这个在各个学科中的比例是多少并不重要。重要的是在今天大多数期刊都是付费获取期刊的环境中，不管是专业人士还是非专业读者，这两个群体都没有足够的途径和权限来获取所需的文献。专业人士没有足够的获取途径，因为他们主要是通过所在机构的图书馆来获取文献，而期刊的订阅价格涨幅远远超过图书馆的经费预算涨幅（甚至全球最富有的图书馆情况也是如此）。有需求的非专业读者也没有足够的获取途径，因为很少有公共图书馆订阅同行评审刊，当然更是没有一家公共图书馆订阅覆盖所有学科领域的同行评审刊了。[20]

反对为非专业读者提供获取途径的人对于读者需求的诸多前提假设都是错误的。开放存取对非专业读者到底是否具有吸引力？对此，反对为非专业读者提供获取途径的人有时承认，有时则否认。如果反对为非专业读者提供获取途径的人不承认开放存取对非专业读者具有吸引力的话，他们首先要驳斥与自己的观点完全相左的人群，然后反对甚至诉讼为非专业人士提供OA服务的案例。如果反对为非专业读者提供获取途径的人承认开放存取对非专业读者具有吸引力的话，那么他们则希望建立一套甄选机制（用于识别哪些人可以获得获取途径）和认证机制（用于将山羊和绵羊区别开来）。开放存取的美妙之处就在于为每个人提供获取服务的成本比只为部分人群提供获取服务的成本要低廉，而且其操作更为简单。只有在具备充分的理由的前提下，我们才可以为了将一些人群排除在外而支付额外的成本。[21]

5.5.2　为机器提供 OA 服务[22]

我们也希望为机器提供 OA 服务。这么说，我不是指我们应该具有利他主义思想——友好的人类希望帮助富有好奇心的机器回答他们自己的问题。我指的是一些更加"利己"的东西。我们俨然已经步入一个新的时代，在这个时代里，被精心设计的软件可以解决我们的科研问题。如果我们的机器没有获取文献的途径，我们自身也就不能获取文献。况且，如果我们不能为自己的机器找到获取文献的途径，那么我们就失去了一个利用处理技术提升获取途径的良机。

请想想你能获取的所有文献的规模（包括在线的和离线的），再想想如果你不使用搜索引擎或者搜索引擎不能索引你所需的文献，那么你实际上可以获取的文献规模又有多大？

信息超载并非始于网络。网络确实极大地提高了我们可以获取的文献数量，但同时也极大地提高了我们检索文献的能力。我们瞄准那些在强大软件（更为精确的表述是"具有获取功能的强大软件"）的帮助下值得我们花时间去寻找的信息。软件帮助我们知道目前存在哪些信息、哪些信息是最新的、那些信息是跟我们的需求相关的、其他人对这些信息的评价又是如何的。如果没有这些工具，我们无法处理如此众多的信息；或者我们不得不重新定义"处理"的内涵，人为地缩小我们被允许思考、调查、阅读和检索的文献的范围。[23]

有些出版商曾经认真地争论昂贵的期刊价格和有限的图书馆经费可以帮助我们有效地应付信息超载问题，似乎我们没有能力购买的文献总是那些我们并不需要的文献。但是，显然很多跟我们的研究相关的文献也是图书馆没有实力购买的文献。如果这些问题是数量巨大而且仍然处于日益增长的文献固有的现象，那么这些问题就不会是因为文献的规模所导致的（或者不会单单是文献的规模所导致的),而很有可能是目前内容发现工具的局限性所导致的。如果在拥有 OA 资源的同时也拥有足够强大的发现工具,那么我们就总能找到所需要的内容。但是如果没有足够强大的工具的话,我们就做不到这一点。用高价的付费获取内容取代 OA 资源只会给科研进展添加新的障碍,即使它确实将可获取的信息数量控制在了功能并不强大的发现工具可以处理的范围之内。用克莱·舍基(Clay Shirky)的话来说就是,真正的问题不是信息超载问题,而是信息过滤的失败问题。[24]

开放存取本身就不断地在刺激软件开发者开发有用的工具,帮助我们有效地过滤所需的信息。在成型后,这些工具被应用于检索和发现免费的、有用的、快速增长的在线资源。反过来,这些用于优化 OA 文献的发现工具又激励作者和出版商开放他们的作品。一旦作者和出版商将自己的作品变为 OA 资源后,大量的发现工具就使得这些资源能够被读者轻易地发现并成为有用的资源。在 OA 发展的早期阶段,资源的匮乏和工具的缺乏造成了恶性循环:由于 OA 文献的数量稀少,技术人员没有动力开发强大的发现工具;由于缺乏强大的发现工具,作者就没有动力将自己的作品变为 OA 资源。但是,现在大量的 OA 文献的出现促进了发现工具的开发工作,而大量有用的发现工具也给作者和出版商将自己的作品变成 OA 资源多了一个理由。

所有的数字化文献(不管是免费获取文献还是付费获取文献)都是可机读的,都支持各种全新又有用的处理方式。但是,由于付费获取文献需要付费访问、设置密码保护、存在版权限制,并没有充分利用这个机会。相反,OA 模式通过移除价格障碍和许可障碍,在最大程度上充分利用了这个机会,并开发了处理信息的各类工具,包括检索、索引、数据挖掘、信息提炼、翻译、查询、链接、推荐、提醒服务、混搭以及其他处理方式(这里先就不提我们现在还无法想象的其他各种处理数字和连接网络的新形式)。开放存取的一个基本目的就是赋予这些用于深化研究和扩展实效的工具以最大范围的操作空间。

从这个意义上来讲,开放存取的最终发展前景不是为人类提供免费的在线阅读文本(即使这是最富有价值的终端使用)。开放存取的终极发展目标是为软件提供免费的在线数据,这些软件又为所有的科研人员扮演天线、人工眼球、研究助理、私人图书馆员的角色。

为人类自身打开研究文献的大门实际上也为处理这些文献的软件打开

了大门。我们甚至可以希望开放存取很快就会过时,届时理所当然地被新一代的工具和服务所取代。随着这些工具和服务的到来,他们将会成为热门话题,他们也有资本成为热门话题。但是,技术人员将会指出所有的工具和服务都要依赖于开放存取,而历史学家将会指出开放存取本身不会被轻易取代。[25]

参考文献

[1] 该章节引用我之前发表的两篇文章。
《开放存取概览》(Open Access Overview),网址:http://dash.harvard.edu/bitstream/handle/1/4729737/suber_oaoverview.htm?sequence=1
《澄清对开放存取误解的参考指南》(A field guide to misunderstandings about open access),发表于《SPARC 开放存取新闻通讯》(SPARC Open Access Newsletter)2009 年 4 月 2 日,网址:http://dash.harvard.edu/bitstream/handle/1/4322571/suber_field guide.html?sequence=1

[2] 出于某种特定的目的,我们必须区别两种不同类型的后印本。一种是经过同行评审但尚未经过文字编辑的版本,另外一种是既经过同行评审又经过文字编辑的版本。有些出版商允许作者在 OA 知识库中存储第一种类型的后印本,但不允许存储第二种类型的后印本。

[3] 该章节引用我之前撰写的《为电子版的学位论文提供 OA 服务》(Open access to electronic theses and dissertations),发表于《SPARC 开放存取新闻通讯》(SPARC Open Access Newsletter)2006 年 7 月 2 日。网址:http://dash.harvard.edu/bitstream/handle/1/4727443/suber_theses.htm?sequence=1

[4] 请参考盖尔.麦克米兰(Gail McMillan)的论文《电子版的学位论文妨碍出版商了吗?在网络上可在线获取是否可被视为预出版呢?在第四届电子版学位论文国际会议上的报告》(Do ETDs Deter Publishers? Does Web availability count as prior publication? A report on the 4th International Conference on Electronic Theses and Dissertations),发表于《大学和研究型图书馆通讯》(College and Research Libraries News)第 62 卷第 6 期,即 2001 年的 6 月期。"通过互联网可以轻松容易地获取电子版的学位论文,但这并不妨碍大多数出版商继续发表改编自这些已经可以在线获取的学位论文的学术论文。"网址:http://scholar.lib.vt.edu/staff/gailmac/publications/pubrsETD2001.html
这种情况对于图书而言就具有更大的不确定性。请参考詹妮弗.霍华德(Jennifer Howard)撰写的《从学位论文到图书的道路上有一个新的坑洼:互联网》(The

Road from Dissertation to Book Has a New Pothole：The Internet），发表于《高等教育纪事》（Chronicle of Higher Education），时间为2011年4月3日。网址：http：//chronicle.com/article/The－Road－From－Dissertation－to/126977；http：//www.library.yale.edu/~llicense/ListArchives/1104/msg00028.html

[5] 该章节引用我之前发表的几篇文章。

《在人文领域推广OA模式》（Promoting Open Access in the Humanities），发表于《*Syllecta Classica*》2005年第16期，起讫页码为231－246。网址：http：//dash.harvard.edu/bitstream/handle/1/4729720/suber_promoting.htm?sequence=1

我对理查德．波因德采访问题的回答：《开放存取基本知识：向彼得．萨伯的采访录》（The Basement Interviews：Peter Suber），发布于2007年10月19日。网址：http：//poynder.blogspot.com/2007/10/basement－interviews－peter－suber.html

《预测2009年》（Predictions for 2009），发表于《SPARC开放存取新闻通讯》（SPARC Open Access Newsletter）2008年12月2日。网址：http：//www.earlham.edu/~peters/fos/newsletter/12－02－08.htm#predictions

[6] 请参考关于OA图书出版商的OA知识库列表。网址：http：//oad.simmons.edu/oadwiki/Publishers_of_OA_books

[7] 如果你希望了解对这种OA图书商业模式的评论，请参考詹妮科．阿德玛（Janneke Adema）撰写的《人文和社会科学领域电子书OA模式概览》（Overview of Open Access Models for eBooks in the Humanities and Social Sciences），由OAPEN（欧洲网络开放存取出版）发布，时间为2010年3月，网址：http：//project.oapen.org/images/documents/openaccessmodels.pdf

也请参考关于OA图书商业模式的OA知识库列表，网址：http：//oad.simmons.edu/oadwiki/OA_book_business_models

[8] 如果想要了解一些最为谨慎的实证研究，请参考：

约翰．希尔顿（John Hilton III）的《你们白白得来，也要白白舍去（马太福音10：8）：放弃宗教类电子书的版权将如何影响这些图书纸质版的销售情况》（'Freely ye have received, freely give'（Matthew 10：8）：how giving away religious digital books influences the print sales of those books），该论文为杨百翰大学2010年度硕士学位论文。网址：http：//search.lib.byu.edu/byu/id：byu_unicorn4414980

约翰．希尔顿（John Hilton III）的《关于兰登书屋免费图书的硬数据》（Hard Numbers on Free Random House Books），发表于《Wide Open》，时间为2009年5月6日。网址：http：//web.archive.org/web/20090510052632/http：//www.johnhiltoniii.org/hard－numbers－on－free－random－house－books

约翰. 希尔顿（John Hilton III）和大卫. 威利（David Wiley）合作的《免费：作者为何在网络上放弃对图书的版权》（Free：Why Authors Are Giving Books Away on the Internet），发表于《Tech Trends》2010 年 54 卷第 2 期，网址：http：//hdl. lib. byu. edu/1877/2154

约翰. 希尔顿（John Hilton III）和大卫. 威利（David Wiley）合作的《图书的免费电子版本对印刷版销售的短期影响》（The Short‐Term Influence of Free Digital Versions of Books on Print Sales），发表于《电子出版杂志》（Journal of Electronic Publishing）第 13 卷第 1 期，2010 年冬季刊。网址：http：//dx. doi. org/10. 3998/3336451. 0013. 101

布莱恩. 奥利力（Brian O'Leary）撰写的《盗版的冲击》（The impact of piracy），发表于《Magellan Media》，时间为 2009 年 6 月 8 日，网址：http：//www. magellanmediapartners. com/index. phpmmcparticle/the_ impact_ of_ piracy/

芝加哥大学东方研究院撰写的《芝加哥大学东方研究院电子出版物先导计划》(The Electronic Publications Initiative of the Oriental Institute of the University of Chicago)，时间为 2009 年 4 月 6 日。网址：http：//oi. uchicago. edu/researchpubsepi. html

施普林格撰写的新闻通讯稿《2.9 万册图书进驻谷歌图书搜索项目》（More than 29,000 titles now live in Google Book Search），时间为 2007 年 3 月 1 日。网址：http：//www. springer. com/librarians/e‐content? SGWID = 0‐113‐6‐442110‐0

提姆. 奥莱利（Tim O'Reilly）撰写的《免费下载 VS 图书销售：针对一家出版社的个案分析》（Free Downloads vs. Sales：A Publishing Case Study），发表于《O'Reilly Radar》，时间为 2007 年 6 月 1 日。网址：http：//radar. oreilly. com/archives/2007/06/free‐downloads. html

OAPEN‐UK，一项源自 JISC 的在研实验，时间为 2010 年 10 月 22 日。网址：http：//www. jisc‐collections. ac. ukNewsOAPENUKITT

卡伦. 米洛依（Caren Milloy）撰写的《JISC 全国电子书天文观察项目：2007‐2010 年》（JISC national e‐books observatory project：2007—2010），JISC（联合信息系统委员会），2010 年。网址：http：//www. jiscebooksproject. org/archives/211

如果你想要了解该领域更多更全面的调查研究和实验项目，请参考来自开放存取跟踪项目（Open Access Tracking Project）的"oa. books. sales"，网址：http：//www. connotea. org/tag/oa. books. sales

[9] 国家学术出版社，网址：http：//www. nap. edu

请参考詹森（Jensen）于 2001、2005 和 2007 年撰写的文章。http：//chronicle. com/article/Academic‐Press‐Gives‐Away‐Its/27430；http：//chronicle. com/article/Presses – Have – Little – to – Fear/25775；http：//dx. doi. org/10.3998/3336451.0010.206

[10] 请参考美国大学出版社协会发布的《关于开放存取的声明》（Statement on Open Access），时间为 2007 年 2 月 7 日。网址：http：//www. aaupnet. org/images/stories/documents/oastatement. pdf；http：//www. earlham. edu/ ~ peters/fos/2007/02/aaup – statement – on – open – access. html

也请参考该协会于 2011 年 5 月份开展的关于数字图书出版的调研项目。网址：http：//www. aaupnet. org/news – a – publicationsnews421 – aaup – digital – book – publishing – survey – report – released

[11] 该章节引用我之前发表的几篇文章。

《作为增值服务的删节工作》（Abridgment as added value），发表于《SPARC 开放存取新闻通讯》（SPARC Open Access Newsletter）2009 年 11 月 2 日。网址：http：//dash. harvard. edu/bitstream/handle/1/4317664/suber_ abridgment. html? sequence = 1

《在人文领域推广 OA 模式》（Promoting Open Access in the Humanities），发表于《Syllecta Classica》2005 年第 16 期，起讫页码为 231 – 246。网址：http：//dash. harvard. edu/bitstream/handle/1/4729720/suber_ promoting. htm? sequence = 1

《发现、再发现与开放存取：第一部分》（Discovery, rediscovery, and open access. Part 1），发表于《SPARC 开放存取新闻通讯》（SPARC Open Access Newsletter）2010 年 8 月 2 日。网址：http：//dash. harvard. edu/bitstream/handle/1/4455489/suber_ discovery. htm? sequence = 1

[12] 如果你希望了解更多的信息，请参考我撰写的文章《开放存取和知识的自我纠正》（Open access and the self – correction of knowledge），发表于《SPARC 开放存取新闻通讯》（SPARC Open Access Newsletter）2008 年 6 月 2 日。网址：http：//dash. harvard. edu/bitstream/handle/1/4391168/suber_ selfcorrect. html? sequence = 1

[13] 在 2008 年 5 月 12 日中国四川大地震（该地震使 7 万人丧生）爆发之前，一支国际科学院团队发表了一篇预测这次地震的文章，《国家地理杂志》称这篇文章的预测达到"怪异"的精确度。但是，该杂志也指出"我们没有理由相信中国政府意识到这项于 2007 年 7 月份发表的研究成果"。来自孟菲斯大学地震研究和信息研究中心的迈克尔. 埃利斯（Michael Ellis）是这次预测的作者之一，他指出"显然，这项信息被'有效地'封锁在了学术期刊里"。网址：http：//news. nationalgeographic. comnews2008/05/080516 – earthquake – predicted. html

[14] 该章节引用我之前发表的几篇文章。

《纳税人对开放存取的观点》（The taxpayer argument for open access），发表于

《SPARC 开放存取新闻通讯》（SPARC Open Access Newsletter）2003 年 9 月 4 日。

[15] 请参考我的文章《作为公共产品的知识》（Knowledge as a public good），发表于《SPARC 开放存取新闻通讯》（SPARC Open Access Newsletter）2009 年 11 月 2 日。网址：http://dash.harvard.edu/bitstream/handle/1/4391171/suber_public%20good.html?sequence=1；http://dash.harvard.edu/bitstream/handle/1/4725013/suber_taxpayer.htm?sequence=1

《对联盟研究公共存取法案的进展跟踪》（Follow-up on the Federal Research Public Access Act），发表于《SPARC 开放存取新闻通讯》（SPARC Open Access Newsletter）2006 年 6 月 2 日。网址：http://dash.harvard.edu/bitstream/handle/1/3942944/suber_news98.html?sequence=2#frpaa

我对理查德·波因德采访问题的回答：《开放存取基本知识：向彼得·萨伯的采访录》（The Basement Interviews: Peter Suber），发布于 2007 年 10 月 19 日。网址：http://poynder.blogspot.com/2007/10/basement-interviews-peter-suber.html

《澄清对开放存取误解的参考指南》（A field guide to misunderstandings about open access），发表于《SPARC 开放存取新闻通讯》（SPARC Open Access Newsletter）2009 年 4 月 2 日，网址：http://dash.harvard.edu/bitstream/handle/1/4322571/suber_field guide.html?sequence=1

[16] 当约翰·贾维斯（John Jarvis）担任威利欧洲部执行经理的时候，他于 2004 年 3 月在英国国会下议院科学与技术委员会上为出版商作证。下面选择他对第 19 道题目的回答："显然，对于开放存取的有些支持是来自于学术圈之外的⋯我认为这个问题我们需要慎之又慎，因为很少会有公众（包括在座的各位）希望阅读科学研究成果，事实上他们有可能会从中得出错误的结论⋯我在这里再次重申，在这个问题上，我们务必要小心。因为这种想法有可能会怂恿一种认识，即认为每个人都应该而且能够阅读可能会导致混乱的文章。你尝试跟医学人员聊聊看，他们肯定说最不希望碰到的事情就是病人在阅读相关科学信息后，然后步入诊所开始问东问西。"网址：http://www.publications.parliament.uk/pa/cm200304/cmselect/cmsctech/uc399-i/uc39902.htm

《兽医学报》（Journal of Animal Science）的主编拉里·雷诺兹（Larry Reynolds）在 2007 年 3 月的一篇社论中提到"由于公众根本不知道如何阅读、解释以及应用科学论文，如果他们可以直接获取这些论文，很有可能导致自己对科学的误解和滥用。"网址：http://www.asas.org/bulletin_article.asp?a=9&s=&r=3

在 2007 年 5 月份的一篇博客文章中，物理学家唐奈（R. W. Donnell）医生谴责《新英格兰医学杂志》（New England Journal of Medicine）将一篇关于文迪雅药物的同行评审论文为公众提供 OA 服务。网址：http：//doctorrw.blogspot.com/200705/tabloid-based-medicine-trumps-evidence.html

[17] 请参考理查德.约翰逊（Richard K. Johnson）撰写的《科研共享跟得上互联网的发展吗？》（Will Research Sharing Keep Pace with the Internet?），发表于《神经科学杂志》（The Journal of Neuroscience）第 26 卷第 37 期，2006 年 9 月 13 日，起讫页码为 9349－9351。"希望可以免费获取学术信息和科学知识的观众数量对于很多人来说可能是个惊人的数字，但是从美国医学图书馆的实验来看，公众对学术信息的阅读需求是非常明显的。几年之前，美国医学图书馆将原先只提供文摘索引服务的生物医学领域的文章（获取全文则需要付费）统一放置在 PubMed 中，用户可以免费访问和使用。结果，用户对该数据库的使用量提高了 100 倍。如果我们只是单独查看不提供免费获取的数据库，将永远无法预测开放存取所带来的使用量变化。那么新增加的新读者是谁呢？当然，肯定包括来自全球各地的部分科学家，这些科学家所在的机构没有实力购买他们所需的期刊。也有可能是来自其他学科的科研人员，通过搜索引擎，他们之前并没有意识到这些来自其他领域但与自己的研究相关的论文。也有可能是学生、病人及家属、临床医生、社区健康工作人员，或者其他普通公众。"网址：http：//www.jneurosci.org/content/26/37/9349.full

早在 2004 年，时任美国国家医学图书馆馆长的唐纳德.林德伯格（Donald Lindberg）先生报告说"该馆的 OA 网站每天的访客超过 100 万，每年的访客将近 10 亿人次…其中大部分的访客都是消费者。"这段话被吉恩.科普罗夫斯基（Gene Koprowski）的论文——《网页：病人在线自我医治》（The Web：Patients heal themselves online）——所引用，该文由国际联合出版社（United Press International）出版发表，时间为 2004 年 8 月 14 日。网址：http：//www.upi.com/Science_News/2004/08/04/The-Web-Patients-heal-themselves-online/UPI-96731091633186

[18] 如果你希望了解美国支持 OA 政策的非营利性疾病宣传机构，请参考纳税人获取联盟（Alliance for Taxpayer Access）的成员列表信息。网址：http：//www.taxpayeraccess.org/membership/index.shtml

[19] 《大多数美国成年公民支持免费简易地在线获取受联邦政府资助的医学领域或其他领域的项目研究成果》（Large Majorities of U.S. Adults Support Easy—and Free—Online Access to Federally-Funded Research Findings on Health Issues and Other Topics），发表于《Harris Interactive》，时间为 2006 年 5 月 31 日。网址：http：//www.harrisinteractive.com/vault/Harris-Interactive-Poll-Research-ATA-State-

ment - of - Support - 2006 - 05. pdf

[20] 如果你相信外行读者并不希望阅读经过同行评审的医学研究成果，也相信即使他们努力阅读也读不明白的，如果你又没有足够的时间阅读对立双方各自的证词，那么请参考莎伦．特里（Sharon Terry）的这篇文章。网址：http：//crln. acrl. org/content/66/7/522. full. pdf

[21] 如果你想了解更多的关于为一些人员（比如一个国家的公民）提供 OA 服务而拒绝为其他人员提供 OA 服务的可能性，请参考我的文章《纳税人对开放存取的观点》（The taxpayer argument for open access），发表于《SPARC 开放存取新闻通讯》（SPARC Open Access Newsletter）2003 年 9 月 4 日。网址：http：//dash. harvard. edu/bitstream/handle/1/4725013/suber_ taxpayer. htm? sequence = 1

[22] 该章节引用我之前发表的几篇文章。

《关于一阶和二阶学术判断的思考》（Thoughts on first and second - order scholarly judgments），发表于《SPARC 开放存取新闻通讯》（SPARC Open Access Newsletter）2002 年 4 月 8 日。网址：http：//dash. harvard. edu/bitstream/handle/1/4727447/suber_ thoughts. htm? sequence = 1

参考我回答詹姆士．莫里森（James Morrison）采访的内容，发表于《The Technology Source》，2002 年九月/十月刊。网址：http：//www. technologysource. org/article/free_ online_ scholarship_ movement

参考我回答赛伊．迪伦（Cy Dillon）采访的内容，发表于《Virginia Libraries》第 54 卷第 2 期（2008 年四月/五月/六月刊），起讫页码为 7 - 12。网址：http：//dash. harvard. edu/bitstream/handle/1/4724180/suber_ dillonin terview. htm? sequence = 1

[23] 关于信息超载并非源于互联网时代的论断，请参考安．布莱尔（Ann Blair）撰写的《太多需要了解的知识：在前现代时代管理学术信息》（Tool Much to know：Managing Scholarly Information Before the Model Age），耶鲁大学出版社，2010 年 9 月。网址：http：//yalepress. yale. edu/yupbooks/book. asp? isbn = 9780300112511

关于互联网的规模和搜索引擎的检索功能都快速发展的论断，请参考文章《搜索引擎能够驾驭庞大的互联网世界：开放存取会起作用吗？》（Can search tame the wild web? Can open access help?），发表于《SPARC 开放存取新闻通讯》（SPARC Open Access Newsletter）2005 年 12 月 2 日。网址：http：//dash. harvard. edu/bitstream/handle/1/4727442/suber_ wildweb. htm? sequence = 1

[24] 请参考克莱．舍基（Clay Shirky）撰写的《并非信息超载，而是过滤机制尚未成功》（It's Not Information Overload. It's Filter Failure），发表于纽约 Web2. 0 世博会，

时间为 2008 年 9 月 16 – 19 日。网址：

[25] 也请参考克利福德.林奇（Clifford Lynch）撰写的《开放计算：对学术文献超越以人类阅读为中心的视角》（Open Computation：Beyond Human – Reader – Centric Views of Scholarly Literatures），收录在尼尔.雅各布斯（Neil Jacobs）编辑的《开放存取：关键战略、技术和经济问题》，该书由钱多斯（Chandos）出版公司于 2006 年出版，起讫页码为 185 – 193。"在我看来，传统的开放存取也许是（并不一定是）对将来即将出现的用于学术文献的大规模计算方法的先决条件。"网址：http：//www.cni.org/staff/cliffpubs/OpenComputation.htm

第6章 版权问题

如果开放存取实施得很糟糕的话，有可能会侵犯版权。[1]但是，传统出版商也可能会犯同样的错误。OA模式和付费获取模式很早都已经找到了避免版权纠纷的秘诀：对于已经超过版权保护期限的作品，依赖于公共领域的途径；对于尚且处于版权保护期限的作品，依赖于版权持有人的同意。这一点其实并不令人惊讶。付费获取出版商不会因为他们对用户收取获取费用而失去遵守版权的捷径，而OA出版商也不会因为他们对用户不收取获取费用而不需要面临版权的障碍。版权保护那些选择收取用户获取费用途径作为收入来源的作者，但版权并没有强迫任何人必须为获取文献而付费。

当科研人员在OA期刊上发表论文的时候，许可问题是非常容易解决的。作者保留核心权利，出版商获取作者的许可；或者，作者把核心的权利转让给出版商，出版商使用这些权利授权作品成为OA资源。

付费获取期刊当然不会轻易地将它们的论文变为OA资源。但是，它们有时也允许作者将经过同行评审的论文实施绿色OA存储。（参见章节3.1关于绿色OA。）

当作者把所有的版权都转让给出版商的时候，他们也同时把是否将论文变成OA资源的决定权转让给了出版商。在这种情况下，如果出版商还没有颁布允许作者实施OA存储的政策，作者就必须主动征求他们的许可。许多没有统一允许绿色OA的出版商将会同意作者提交的个案请求。（比如说，爱思维尔在2004年颁布了允许作者实施OA存储的政策，但在这之前，如果作者提交请求的话，公司也会同意作者对自己的论文实施OA存储。）

如果作者在把论文提交给付费获取期刊的时候保留了自己授权开放存取的权利，那么是否将论文变为OA资源的决定权还在自己的手里。当然，出版商可以选择拒绝出版作者的论文。但是，很少出版商会因为作者需要保留这一版权（往往是遵循资助机构或所在单位的政策）而拒绝出版作者的论文。正如前面提到的（第4章关于政策），美国国家卫生研究院实施的OA政策是世界上最为强硬的保留版权的政策,但是到现在为止尚未有哪家出版商因为这一政策而拒绝出版受其资助的论文。[2]

如果出版商拒绝出版要求保留OA版权的作者论文,其实他们也不是在主张版权。他们所主张的是一种出于任何理由拒绝出版任何作品的独立权利。(我支持出版商拥有这种权利,也永远都不希望他们丧失这一权利)。保留版权的作者并不侵犯属于出版商的版权,只是避免出版商先于作者本人获得这些权利。当保留版权的作者将他们的作品变为OA资源的时候,出版商不能只是因为开放存取侵犯了他们所希望拥有的某项版权而抱怨开放存取确实侵犯了他们所拥有的某项版权。当作者要求保留版权的时候,出版商面临的不是可能的侵权行为,而是要与作者开展艰难的谈判。在这个时候,出版商仍有补救办法,但是这种补救针对的是可能要与作者开展的谈判(只需要跟作者说"不"即可),而不是针对可能的侵权行为(起诉作者或者威胁控告作者)。

我们可以从另外一个角度看待这个问题。如果美国国家卫生研究院的政策违背了版权法,出版商肯定会起诉这一政策。但事实上,他们最强烈的反应也就是支持旨在修改美国版权法的提案,从而使诸如美国美国卫生研究院所采纳的OA政策变为不合法。这种让步也充分说明了美国国家卫生研究院的政策在现有法律体系以内完全是合乎法理的。从这个意义上来讲,强硬的保留版权政策不仅是合法的,也是经得起反驳的。[3]

当然,即使资助机构和所在大学的政策没有要求作者保留版权,作者也可以根据自己的意愿保留版权。但面对如此强大的出版商(出版商要求作者把放弃版权作为出版的一个条件),如果作者单打独斗的话,他们的谈判力是很弱的。强硬的保留版权政策的实际功效之一就是放大了作者的谈判力,迫使出版商适应作者的这种请求。

当作者拥有OA版权并付诸实践的时候,这种OA资源就是由版权持有人授权的。也就是说,这时最终的决定是来自作者而非出版商。这样就使作品成为OA资源的做法变为无条件的,但绝非是不合法的、不充分的或者在法律上是含糊不清的。

保留OA版权的作者仍然可以把其他版权都转让给出版商,通常他们也是这样做的。在这种情况下,出版商不能获取他们希望获取的所有版权,或者说不能获取他们之前能够获取的所有版权。但是,出版商获取了保留权利的作者并不侵犯属于出版商的版权，只是避免出版商先于作者本人获得这些权利。

出版论文所需的所有版权，他们所拥有的用于强化版权的权利也没有减弱。

作者保留 OA 版权的这种解决方法是可行的，因为资助机构和大学是出版商的上游机构。就资助机构来说，受资助者先是与资助机构签署资助合同，然后再与出版商签署出版合同。就大学而言，大学教师投票通过的 OA 政策针对的是自己将来要出版的论文，所以投票行为肯定发生在签署出版合同之前。

正如传统期刊所做的那样，OA 期刊通过与作者签署出版合同获得所需的许可。不同的是，由于 OA 期刊不会去保护销售收入，所以也不会禁止他人对论文的复制和传播。相反，OA 期刊在这点上的做法跟作者的利益完全一致，即通过最大程度地传播论文进而使论文的影响力达到最大化。因此，相对于付费获取期刊，OA 期刊从作者那里要求的版权更少，允许用户使用的版权更多。[4]

有一种传统的看法，认为作者需要版权是因为版权赋予他们写作的动力。有些人可能会争辩这种看法对于非学术型的作者（比如小说家或新闻记者）来说是否也是如此。（雷．帕特森曾经指出这种看法对于乔叟、莎士比亚或米尔顿来说并不适用[5]。）但是，对于撰写研究论文的作者来说，这种看法明显是错误的，理由有二。首先，出版商并不为撰写研究论文的作者支付报酬。即使金钱已经成为激励作者的一个手段，版权还是通过赋予作者对自己作品一定期限的垄断以及基于这种垄断所产生的收入来源来加强对作者的激励。如果没有版权，大量未经许可的复本的涌入就会破坏正版市场，并减少作者的收入。但是，所有的这些情况都与撰写研究论文的作者无关。他们的写作动机是为了提高自己的学术影响力，而非经济报酬，他们也愿意放弃版税。

其次，撰写研究论文的作者在发表论文之前通常会把版权转让给出版商。因此，研究论文的版权从传统上来讲保护的是出版商而非作者的利益。如果上述关于激励的传统看法是正确的话，那么把版权转让给出版商的做法将会大大降低作者的写作动力。但是这种情况并没有发生。相反，学者们总是基于独立于经济之外的动机来撰写论文，这些动机包括与他人分享知识、树立自己的学术声望、为自己的职业发展创造条件。他们从来没有期望从论文中赚钱，从来不需要对论文拥有一定期限的垄断权，甚至都不知道这些收入是什么；当然，也从来不会出于为出版商赚钱的目的去撰写论文。

有一种传统的看法，认为作者需要版权是因为版权赋予他们写作的动力。有些人可能会争辩这对于非学术型的作者（比如小说家或新闻记者）来说是否也是如此。（雷·帕特森曾经指出这种看法对于乔叟、莎士比亚或米尔顿来说并不适用。）

既然学者并不依赖于他们的研究论文赚取版税，那么他们的利益也不会因大幅度的版权改革而受到损害。这场大幅度的版权改革旨在修复版权持有人和用户之间的平衡关系。那些假装为作者说话的出版商实际上是为需要版税收入的作者代言的，他们试图在努力维护当前版权框架下所产生的不平衡现象。但是，对于不需要依赖版税的作者来说，他们跟希望赚取版税的作者的利益诉求是非常不同的。

参考文献

[1] 该章节引用我之前发表的几篇文章。

《开放存取概览》（Open Access Overview），网址：http://dash.harvard.edu/bitstream/handle/1/4729737/suber_oaoverview.htm?sequence=1

《一月份的强制性政策》（The mandates of January），发表于《SPARC 开放存取新闻通讯》（*SPARC Open Access Newsletter*）2008 年 2 月 2 日，网址：http://dash.harvard.edu/bitstream/handle/1/4322581/suber_january.html?sequence=1

《旨在毁坏 NIH 政策的一项提案》（A bill to overturn the NIH policy），发表于《SPARC 开放存取新闻通讯》（SPARC Open Access Newsletter）2007 年 10 月 2 日，网址：http://dash.harvard.edu/bitstream/handle/1/4322592/suber_nihbill.html?sequence=1

《澄清对开放存取误解的参考指南》（A field guide to misunderstandings about open access），发表于《SPARC 开放存取新闻通讯》（*SPARC Open Access Newsletter*）2009 年 4 月 2 日，网址：http://dash.harvard.edu/bitstream/handle/1/4322571/suber_field guide.html?sequence=1

[2] 请参考出版商关于受 NIH 资助的作者的政策的 OAD 列表，网址：http://oad.simmons.edu/oadwiki/Publisher_policies_on_NIH-funded_authors

[3] 这项法案号称"研究型作品合理使用版权法案（Fair Copyright in Research Works Act）"，是由约翰·科尼尔斯（John Conyers）于 2008 年 9 月提出来的，随后于 2009 年 2 月在国会上又被提出。但是该方案最终胎死腹中。关于对这项法案的介绍，请参考我的相关文章。

《旨在毁坏 NIH 政策的一项提案》（A bill to overturn the NIH policy），发表于《SPARC 开放存取新闻通讯》（SPARC Open Access Newsletter）2007 年 10 月 2 日，网址：http://dash.harvard.edu/bitstream/handle/1/4322592/suber_nihbill.html?sequence=1

《对旨在扼杀 NIH 政策的法案的再介绍》（Re-introduction of the bill to kill the NIH policy），发表于《SPARC 开放存取新闻通讯》（*SPARC Open Access Newsletter*）2009 年 3 月 2 日，网址：http：//dash. harvard. edu/bitstream/handle/1/4391154/suber_ re-intro. html? sequence = 1

[4] 但正如我们在章节 3.3 关于免费/自由 OA 部分所看到的，大多数 OA 期刊仍然还只是免费 OA 期刊，尽管它们能够比较容易地获取用于自由 OA 存储目的的版权。

[5] 请参考雷.帕特森（L. Ray Patterson）撰写的《对 Y'Barbo 回复的再回复》（A Response to Mr. Y'Barbo's Reply），发表于《知识产权法杂志》（Journal of Intellectual Property Law）1997 年第 5 期。

第 7 章　经济问题

许多反对开放存取的出版商也都承认 OA 模式比付费获取模式更加适用于学术传播。[1] 他们反对开放存取的理由就是我们不能为这一模式弥补出版成本。但是，事实上我们能够做到这一点。

研究 OA 政策所带来的经济影响的第一项大型调研是由约翰. 霍顿（John Houghton）和彼得. 希恩（Peter Sheehan）在 2006 年开展的。基于两项保守的预估数据（国家在研究发展领域的花费所带来的社会回报率为 50%，开放存取提高文献获取的效率比例为 5%），这两位作者计算出学术期刊出版向开放存取模式的转变不仅可以自供自给，而且还可以给英国经济每年增加 17 亿美元的收入，给美国经济每年增加 160 亿美元的收入。随后的一项研究以澳大利亚为研究样本，并使用更为保守的预估数据（国家在研究发展领域的花费所带来的社会回报率只有 25%），但是仍然发现开放存取的最低经济收益也是其成本的 51 倍。[2]

英国联合信息系统委员会、出版研究联盟、研究信息网络、英国研究型图书馆和维康信托基金会曾经联合开展了一项大型调研工作。该调研的结果于 2011 年 4 月发布，其结果进一步验证了霍顿（Houghton）之前得出的结论。在深入分析了五个用于改善研究性文献的获取途径的情景后，该调研得出如下结论：绿色 OA 和金色 OA "为政策决策者在改善文献获取方面提供的潜力是最大的。绿色和金色 OA 两者的效益成本比率是正向的，而且会很高…"。[3]

这项调研也指出 "用于绿色 OA 的基础设施已经大体建设完毕"，因此 "通过这种途径提高文献的获取能力的成本效益尤其高…"。我这里补充一点——相对于期刊，知识库能够更加容易地满足用户尚未得到满足的需求，而且将文献存储在知识库中几乎不花费存储者任何的额外成本。出于上述理由考虑，在本章中，我主要讨论的是如何为金色 OA（期刊）弥补成本，而不是如何为绿色 OA（知识库）弥补成本。

但是，在转向论述金色OA之前，我需要指出现有不同的文献对大学运作知识库的成本预估存在很大的差别。这种对成本预估的差异反映了如下事实：知识库可以服务于许多不同的目的，而一些知识库比另外一些知识库服务的目的更多更全。如果知识库只是存储单位成员文献的OA复本，而单位成员又只是存储自己的论文，那么知识库的建设和运作成本是非常低的。但是，如果知识库的定位是多目的和多功能的系统，那么在创建之初就会同时承担其他的职责和功能，比如致力于长期保存、帮助单位成员开展相关活动（比如数字化纸质文献、获取版权许可以及开展存储活动）、存储其他类型的内容（比如学位论文、图书及章节、会议论文、课件、校园出版物、特藏文献和工作文档记录）。现在知识库的平均建设成本都相当高，原因就在于现在大多数的知识库所做的工作比最低要求都要高。[4]

OA期刊弥补成本的方式就跟电视台和广播台的方式是一样的——不是通过广告或募捐活动本身，而是通过对广告和募捐活动的简单泛化处理。那些希望传播内容的人提前支付生产成本，因此用户只要拥有合适的访问设备，就可以免费获取这些内容。在其他地方，我也把这种方式称为"一些人为所有人支付"模式。[5]

有些OA期刊从大学、图书馆、基金会、学会/协会、博物馆或政府部门获取资助津贴。有些OA期刊对被录用的论文收取出版费用，由作者或资助者（所在单位或资助机构）支付。提供资助津贴或支付出版费用的这一方已经弥补了期刊的出版成本，所以读者无需再为获取支付任何费用了。

通常而言，对于有经济困难的作者，OA期刊会免收其出版费用；已经得到机构资助的期刊也不会再收取作者的出版费用了。如果期刊还有其他的收入来源（比如发行印刷版、广告收入、提供增值服务等），OA期刊的资金来源就更为多样化，对机构资助和作者出版费用的依赖程度就大大降低了。有些机构或机构联盟能够获得一定折扣的出版费用，或者购买年度会员卡（年度会员卡提供的服务之一就是对其成员的出版提供免除费用或打折服务）。

在某些学科领域或某些国家地区运作得不错的模式或许不适用于其他学科领域或国家地区。没有人可以声称有一种放之四海而皆准的模式。应该说，许多有识之士还在探索弥补同行评审OA期刊出版成本的其他途径。几乎每周都有期刊宣布实施不同的新做法，我们远未耗尽我们的聪明才智和想象力。[6]

OA 期刊弥补成本的方式就跟电视台和广播台的方式一样——不是通过广告或募捐活动本身,而是通过对广告和募捐活动的简单泛化处理。那些希望传播内容的人提前支付生产成本,因此用户只要拥有合适的访问设备,就可以免费获取这些内容。

绿色 OA 可能会面临一个问题，即内容不能轻易被用户发现；但是金色 OA 不会碰到这个问题。相反，不熟悉 OA 知识库的科研人员仍然知道有 OA 期刊的存在。有时可能会因为两类资源的可见度差异太大而导致科研人员、新闻记者、政策决策者都认为所有的 OA 资源都是金色 OA（参见章节 3.1 关于绿色和金色 OA）。因此，大多数人在说起开放存取好处的时候往往讨论的都是金色 OA 的好处。当然，这些新闻本身是好的。一项非常全面的调查研究表明 89% 的科研人员（来自所有的学科领域）都认为 OA 期刊对于他们的学科是大有裨益的。[7]

除了认为所有的开放存取都是金色 OA 这种错误看法之外，还有一个关于金色 OA 普遍存在的误解，即认为所有的 OA 期刊都收取"作者费用"。换言之，这种错误的看法认为所有的 OA 期刊采纳的都是作者支付的商业模式。这里其实有三个错误。第一个错误就是认为 OA 期刊只有一种商业模式，事实上却有很多种。第二个错误是认为收取出版费用意味着作者是需要掏腰包的人。第三个错误是认为所有或大多数的 OA 期刊都收取出版费用。事实上，大多数的 OA 期刊（大约 70%）并不收取作者出版费用。相反，大多数的付费获取期刊（大约 75%）却收取作者费用。而且，在收取出版费用的 OA 期刊中，只有 12% 的作者是从自己的腰包里支付出版费用的，将近 90% 的情况都是免收作者出版费用或者出版费用是由资助机构代替作者支付的。[8]

有些人认为大多数的 OA 期刊都收取作者出版费用，而大多数付费获取期刊则不收取作者出版费用。这种错误的认识导致了几个颇具破坏性的后果。首先，把一些作者吓跑了。他们错误地认为金色 OA 把穷困的作者排除在外了。当我们联系到另外一种错误的认识——认为所有的 OA 都是金色 OA——的时候，结果就是这种误解进一步意味着所有的 OA（而不仅仅只是金色 OA）都把穷困的作者排除在外了。

这些错误的看法同时也支持一种含沙射影式的批评意见，认为 OA 期刊比非 OA 期刊更有可能向同行评审妥协。但是，如果对于被录用的论文，收取作者出版费用确实能够滋生降低学术质量的因素的话，那么大多数的付费获取期刊应该为此感到愧疚，而大多数 OA 期刊则不需要。事实上，当 OA 期刊确实收取作者出版费用的时候，OA 期刊会在费用运作和编辑运作之间人为地树立一道"防火墙"。比如说，大多数收取作者费用的 OA 期刊对于经济困难的作者免收出版费用，并且采用这种措施避免编辑和外审专家知道作者是否提交了免除出版费用的申请。与此形成对比的是，对于收取作者版面费或彩图处理费的付费获取期刊来说，编辑通常会知道被录用的论文将必须支付相关费用。[9]

> **专有术语**
>
> "作者费用"和"作者支付"这两个术语似是而非，同时带有一定的负面影响。这对于大多数的 OA 期刊都是不适用的，他们并不收取出版费用。甚至对于收取出版费用的 OA 期刊来说，这些术语也是具有误导性的，因为将近 90% 的收取出版费用的 OA 期刊的出版费用并不是由作者本人支付的。"出版费用"、"处理费用"或者"作者方的费用"应该是更为准确的表述。头两个术语并没有具体提到支付方，而第三个术语表明了出版费用来自作者方（而非读者方），但是这个术语没有隐含着这笔钱必须是要作者本人支付的意思。

认为大多数 OA 期刊收取作者出版费用的错误认识也会在很大程度上影响对作者态度开展的相关调查工作。比如说，在开展调研之前，调查者就有可能向被调查者传达错误的信息。事实上就有这样的例子："对于 OA 期刊，作者需要支付出版费用；现在，请您回答有关您对 OA 期刊态度的一些问题。"

最后，这种错误的看法将会严重影响我们对如下问题的思考——如果实现了从付费获取期刊向 OA 期刊的全面转型，谁受到的经济冲击最大？系列研究都得出结论，认为在同行评审期刊全面转向 OA 期刊之后，高产出的大学需要支付的作者出版费用将会超过他们现在支付的购买期刊费用。这些研究的计算至少基于两个尚未被证实的假设：所有的 OA 期刊都会收取出版费用，所有的出版费用都是由大学支付。[10]

OA 期刊有两种类型：完全 OA 期刊和复合 OA 期刊。完全 OA 期刊为它们出版的所有研究论文都提供 OA 服务。复合 OA 期刊对部分论文提供 OA 服务，而对部分论文提供收费服务。至于对哪些论文提供 OA 服务，对哪些论文提供收费服务，则取决于作者而非编辑的选择。如果作者选择开放存取的途径，则复合 OA 期刊对作者收取出版费用。能够找到资助的作者可以使论文在正式出版后马上成为 OA 资源，而那些找不到资助或者不愿意寻找资助的作者仍然采用传统的出版途径。(许多复合 OA 期刊在一定期限后会对所有的论文提供 OA 服务,比如一年的期限。)有些复合 OA 期刊承诺根据作者选择 OA 出版方式的比例降低期刊的订阅价格,也就是说,这些期刊只收取访问付费获取论文的订阅费用。但是,大多数的期刊并没有做这样的承诺,它们对同样的 OA 论文开展二次收费(不仅收取作者方的出版费用,而且收取读者方的订阅费用)。[11]

对于出版商来说,尝试复合 OA 期刊出版模式,其风险是很低的。如果作者选择 OA 出版方式的比例较低,出版商几乎不会丧失任何东西,仍然拥有订阅收入。如果作者选择 OA 出版方式的比例较高,出版商向传统论文收取订阅费用,向 OA 论文收取出版费用,有时对 OA 论文还实施双向收费。因此,这种出版模式发展得很快。美国出版商协会下属的专业/学术出版部在 2011 年发布了一份报告,该报告指出在调查的期刊中,共有 74% 的期刊在 2009 年都实施了某种形式的复合出版模式。与此同时,在 SHERPA 网站上列罗的出版商中,共有 90 多家出版商采纳 OA 出版模式(包括所有规模排序靠前的出版商)。尽管发展速度很快,但是复合 OA 期刊对科研人员、图书馆或出版商的帮助甚微或几乎没有任何的作用。在复合 OA 期刊中,作者选择以 OA 途径出版论文的比例平均只有 2%。[12]

复合 OA 期刊的最大好处就是让出版商有机会尝试 OA 出版模式,让他们获取 OA 出版在经济运作和组织管理方面的一手资料。但是,由于复合 OA 期刊并没有动力提高作者选择 OA 出版方式的比例,也不希望这种模式能够大获成功,所以基于此类出版模式获取的数据在很大程度上是带有人为色彩的。最后,出版商总是转而依靠订阅费用。

况且,绝大多数的完全 OA 期刊并不收取出版费用。因此,对于这类不收取出版费用的模式,大多数的复合 OA 期刊将永远不可能为他们提供第一手的实验资料。[13]

越来越多的营利性 OA 出版商开始盈利,越多越多的非营利 OA 出版商开始取得收支平衡或开始有所盈余。这两种不同的商业模式正在驱动这些具有发展可持续性的出版项目的工作进展。BMC 已经盈利,PLoS 通过收取出版费用有所盈余。MedKnow 通过销售 OA 期刊的印刷版(而非通过收取出版费用的方式)盈利。[14]

收取出版费用的 OA 期刊在大多数科研项目都能获得资助的学科领域运作

得最好；而没有收取出版费用的 OA 期刊在大多数项目都不能获得资助的学科或国家运作得最好。这两种不同商业模式的成功，也给人们一种希望——金色 OA 在每个学科领域都具备可持续发展性。

任何一种类型的同行评审刊通过降低成本都可以使其发展变得更具可持续性。虽然参与同行评审的志愿者通常不计报酬，但是组织这项工作本身的成本却是非常高的。期刊需要选择评审人员、将文档发送给评审人员、跟踪评审进展、催促晚交之人、收集并与合适的人选分享评审意见、识别版本、收集接收和拒绝论文的数据。有效降低成本（在保证质量的前提下）的途径之一就是利用免费的开源期刊管理系统，利用系统自动地开展上述提及的各类业务。

目前可供免费获取的开源期刊管理系统有十余款。其中，开发比较成功的项目是来自公共知识项目的开放期刊系统（Open Journals Systems，简称 OJS）。虽然 OJS 和其他开源期刊管理系统也能使付费获取期刊受益，但其使用者主要是 OA 期刊。单就 OJS 而言，共有 9 000 多家单位安装使用（当然不是所有的安装都用于期刊管理的目的）。这个例子不仅向我们展示了开源运动如何彼此互动，同时也向我们展示了对开放的恐惧是如何迫使传统出版商放弃经济利益从而没有攫取最大化的利润。[15]

在出版同等质量水平论文的前提下，我们有理由相信 OA 期刊比付费获取期刊所花费的成本要少一些。OA 期刊摈弃了订阅管理（拉客、谈判、追踪、续订合同），摈弃了数字版权管理（为用户授权、区别授权用户与非授权用户、为非授权用户设置获取障碍），消除了用于授权的法律费用（起草、协商、监管和强化限制许可），降低甚至是消除了营销成本；但增加了搜集出版费用和机构资助经费的管理成本。一些调研项目和 OA 出版商都表明 OA 期刊的出版存在这些成本。[16]

由于自然科学领域的大多数付费获取期刊都已经不再出版印刷版，人文社科领域的大多数付费获取期刊也开始不再出版印刷版，所以我们不能将放弃印刷版而节约的成本也计算在内。

如果大型传统出版商表示，在他们的出版实践中 OA 出版的经济模式并不奏效，我们应该对这种说法持怀疑和谨慎的态度。相对于全新 OA 期刊的创办者来说（这些创办者没有任何从印刷和订阅时代遗留下来的设备、人员或管理成本等问题），传统出版商（这些出版商发轫于印刷时代，但又得重新适应

119

数字出版时代和适应 OA 出版模式）不可避免地意识到在向 OA 转型的过程中其实节省的成本并不是很多。

现在，大约有 1/4 的同行评审刊是 OA 期刊。跟付费获取期刊一样，有些 OA 期刊处于盈利状态，发展势头较好；有些 OA 期刊处于赤字状态，生存困难。但是，当我们意识到用于支持发展同行评审刊所需的大量经费目前都被用于订阅传统付费获取期刊的时候，似乎能感觉到开放存取正走在成功的道路上。尽管用于支持同行评审刊发展的经费预算遭受了大幅度的减缩，但是 OA 期刊仍然发展到了目前的数量规模和质量水平。

即使 OA 期刊所需要的出版成本跟付费获取期刊所需要的出版成本相当，在这个学术传播系统中，我们也有足够的经费用于弥补同行评审 OA 期刊的出版成本，同时保持期刊的质量水准。事实上，由于我们不需要支付出版商的利润率（超过埃克森石油的利润率），经费不但已经足够，而且有所多余了。BMC 的前任主席简．维尔特罗普（Jan Velterop）曾经说道 OA 出版可以是盈利的，但主要是"基于增值服务从而提高利润率"。[17]

为了支持一系列高质量 OA 期刊的发展，我们并不需要额外的经费。我们需要做的只是重新分配目前用于付费获取同行评审期刊的经费而已。[18] 有许多重新定位的方案。方案之一就是有意识地实现从付费获取期刊到 OA 期刊的转变。这种转变可能是期刊对当前日益下降的图书馆经费预算（主要用于订阅付费获取期刊）或者被剔除在大宗交易之外（大宗交易占据了图书经费的大头）的一种反应；也可能是对自身过去的价格涨幅和绿色 OA 比例日益增高的一种反应（参见第 8 章关于严重影响）；也有可能是对获取开放存取优势的一种富有热情的期待。开放存取的优势体现在为作者带来的好处（更多的读者和更大的影响力）、为读者带来的好处（移除价格障碍和许可障碍后的获取自由）以及为出版商自己带来的好处（更多的读者、引用率、投稿数量以及学术质量）。

另外一种重新定位的途径就是提高大学的 OA 期刊资助经费。甚至是在总体经费预算有所缩减的时期，图书馆也应该拨出经费用于资助作者在收取出版费用的 OA 期刊上发表论文。这笔经费帮助大学教师选择在 OA 期刊上发表论文，帮助在付费获取期刊之外确立另外一条具有可持续性的发展路径。[19]

重新定位也可以大规模地进行，主要是通过欧洲核子研究中心的 SCOAP3 项目（服务于粒子物理学领域 OA 出版的资助联盟）。SCOAP3 的宏伟目标是将粒子物理学领域的所有付费获取期刊都转变为 OA 期刊,将之前用于读者方的订阅费用重新用于作者方的出版费用,降低支持期刊发展的科研机构的整体支出。这是一个建立在协商、同意和自我利益基础上的和平演变方案。从世界各地的图书馆逐渐建立起经费预算许诺方案开始,历经四年耐心的准备期后,SCOAP3 于 2011 年 4 月份正式进入实施阶段。[20]

如果 SCOAP3 取得成功,这不仅仅可以证明欧洲核子研究中心能够胜利完成规模宏大的项目(这一点我们都已经知道了),也将证明这个特定的项目拥有一个能够说服相关利益主体的双赢逻辑。现在,在我们用于解释 SCOAP3 成功的诸多因素当中,有些是跟物理学这一特定学科领域相关的,比如目标期刊的数量不多、物理学领域的绿色存储文化(这一文化传统甚至被付费获取期刊所拥护)、欧洲核子研究中心的主导地位。其他的因素则跟物理学这一特定学科领域无关,比如给研究机构、图书馆、科研资助者和出版商所带来的明显的好处。粒子物理学领域的这一成功将会给人们带来新的希望——认为这一模式可以被模仿,并且可以用在其他学科领域。其他的学科领域不一定需要诸如像欧洲核子研究中心提供的经费或者欧洲核子研究中心这样具有主导地位的机构把所有的利益相关主体都召集在一起。如果真是这样的话,那么这种双赢逻辑就有机会占据上风。

Ingenta 的前总裁马克·卢瑟(Mark Rowse)在 2003 年 12 月简明扼要地介绍了另外一种用于大规模重新定位的战略方案。如果出版商把来自大学图书馆的支付经费视为用于一群作者的出版费用(而不是用于一群读者的订阅费用)的话,那么出版商就可以一下子把付费获取期刊摇身转变为 OA 期刊。相对于 SCOAP3 模式,这种方式的一个优点就是一份期刊或一家出版商自身就能够尝试,而不需要整个学科领域多方的协作。当然,这种模式也能扩展到规模很大的出版商或多家出版商的联盟。[21]

我们必须具有丰富的想象力,但我们并不需要即兴发挥。有一些基本原则是我们应该努力遵循的。比如说,对于通过取消订阅期刊或将付费获取期刊转变为 OA 期刊而空闲出来的经费,我们首先要将它们用于同行评审 OA 刊,以确保同行评审的延续性。大规模的重新定位显然要比小规模的重新定位更有效率。基于协商和自我利益原则的和平演变要比通过外力强加的被动改变更为友好、也更富有成效。

为准确起见,需要申明的是,我倡导的是重新定位由取消订阅期刊或把付费获取期刊转变为 OA 期刊而空闲出来的经费,而不是为了使经费可以自由流动而取消期刊订阅。这听起来似乎有点吹毛求疵,但是我认为这其中的差异还是相当大的。这种差别大致相当于强烈期望谋杀自己的亲生父母和计划谋杀自己的亲生父母这两种不同情境之间的差别。

参考文献

[1] 该章节引用我之前发表的几篇文章。

《不收取出版费用的 OA 期刊》(No‐fee open‐access Journals),发表于《SPARC 开放存取新闻通讯》(SPARC Open Access Newsletter) 2006 年 10 月 2 日,网址:http://dash.harvard.edu/bitstream/handle/1/4552050/suber_nofee.htm?sequence=1

《好的事实,坏的预测》(Good facts, bad predictions),发表于《SPARC 开放存取新闻通讯》(SPARC Open Access Newsletter) 2006 年 6 月 2 日,网址:http://dash.harvard.edu/bitstream/handle/1/4391309/suber_facts.htm?sequence=1

《开放存取破坏了同行评审?》(Will open access undermine peer review?),发表于《SPARC 开放存取新闻通讯》(SPARC Open Access Newsletter) 2007 年 9 月 2 日。网址:http://dash.harvard.edu/bitstream/handle/1/4322578/suber_peer.html?sequence=1

《OA 期刊的十大挑战》(Ten challenges for open‐access journals),发表于《SPARC 开放存取新闻通讯》(SPARC Open Access Newsletter) 2009 年 10 月 2 日。网址:http://dash.harvard.edu/bitstream/handle/1/4316131/suber_10challenges.html?sequence=2

[2] 请参考约翰.霍顿(John Houghton)和彼得.希恩(Peter Sheehan)合作的《改善获取研究成果的途径所带来的经济影响》(The Economic Impact of Enhanced Access to Research Findings),该文为维多利亚大学战略经济研究中心的工作文档(第 23 期),发布时间为 2006 年 7 月,网址:http://www.cfses.com/documents/wp23.pdf

约翰.霍顿(John Houghton)、科林.斯蒂尔(Colin Steele)和彼得.希恩(Peter Sheehan)合作的《澳大利亚学术传播成本分析:正在出现的机会和有力条件》(Research Communication Costs in Australia: Emerging Opportunities and Benefits),由澳大利亚教育、教学和培训部于 2006 年 9 月份发布。网址:http://www.dest.gov.au/NR/rdonlyres/0ACB271F‐EA7D‐4FAF‐B3F7‐0381F441B175/13935/DEST_Research_Communications_Cost_Report_Sept2006.pdf

也请参考阿尔玛.斯沃恩(Alma Swan)于 2010 年 2 月分布的研究成果,基于霍顿

（Houghton）的模型，阿尔玛.斯沃恩（Alma Swan）分析了大学实施 OA 政策的成本和所带来的好处。网址：http：//www.jisc.ac.uk/publications/programmerelated - howtoopenaccess.aspx

也请参考斯蒂文.哈纳德（Stevan Harnad）于 2010 年 3 月发表的论文，该论文建立在霍顿（Houghton）的研究发现的基础上，认为绿色 OA 所带来的经济方面的好处要超过其成本的 40 倍。网址：http：//eprints.ecs.soton.ac.uk/18514

如果想了解霍顿（Houghton）撰写的其它关于 OA 政策所带来经济影响这个主题领域的文章，请参考他所主持的 EI-ASPM 项目（可替代学术出版模式的经济影响）的网站首页。网址：http：//www.cfses.com/EI-ASPM

关于出版商对霍顿（Houghton）所开展研究的批评意见，请参考由出版商协会（PA）、学术和专业学会出版商协会（ALPSP）、STM 出版商国际协会于 2009 年 2 月份联合发布的两项声明。网址：http：//www.publishers.org.uk/images/stories/AboutPA/Newsletters/pa - alpsp - stm_joint_statement.pdf；http：//www.fep - fee.be/documents/TAcommentsonH - OJISCreport - final.doc

也请参考 STM 出版社发布的《STM 挑战 JISC 对最近 OA 倡导的有效性声明》（STM challenges JISC over validity of latest open access advocacy），检索时间为 2010 年 4 月，网址：http：//web.archive.org/web/20100424033638/http：//www.stm - assoc.org/news.php?id=294&PHPSESSID=08b2a9f56c8b6e7fec0eeac997bdc0b3

如果你想了解对出版商批评意见的回复，请参考来自 JISC（2009 年 4 月）和霍顿（Houghton）本人（2010 年 1 月）的回复。网址：http：//www.jisc.ac.uk/media/documents/publications/responseoneiaspmreport.pdf

http：//www.cfses.com/EI-ASPM/Comments - on - Hall（Houghton&Oppenheim）.pdf

[3] 请参考《奔向开放道路：学术传播转型的成本和效益分析》（Heading for the Open Road: Costs and Benefits of Transitions in Scholarly Communications），由研究信息网络（RIN）于 2011 年 4 月 7 日发布，网址：http：//www.rin.ac.uk/our - work/communicating - and - disseminating - research/heading - open - road - costs - and - benefits - transitions - s

[4] 请参考查尔斯.贝利（Charles W. Bailey Jr.）、卡伦.库姆斯（Karen Coombs）、吉尔.埃默里（Jill Emery）、安妮.米切尔（Anne Mitchell）、克里斯.莫利斯（Chris Morris）、斯宾塞.西蒙斯（Spencer Simons）和罗伯特.莱特（Robert Wright）等多位作者撰写的《机构知识库》（Institutional Repositories），该文于 2006 年 7 月发表在 ARL 网站。"根据调查结果，ARL 图书馆创办机构知识库的成本从 8000 美元到 180 万美元不等，平均值为 18.255 万美元，中值为 4.5 万美元……对于正在运作的

机构知识库，运作预算也差别较大，从 8600 美元到 50 万美元不等，平均值为 11.3543 万美元，中值为 4.175 万美元。"网址：http://www.arl.org/bm~doc/spec292web.pdf

由丽贝卡．肯普（Rebecca Kemp）于 2005 年开展的一项调研发现创办一个知识库的成本从 5770 美元（CILEA）到 170.6765 万美元（剑桥大学）不等，年度维护费用从 3.6 万美元（爱尔兰国立大学）到 28.5 万美元（麻省理工学院）不等。网址：http://www.earlham.edu/~peters/fos/2005/11/costs-of-oa-repositories.html

在 2001 年，加州理工学院报告其创办成本不到 1000 美元。网址：http://web.archive.org/web/20041014190643/http://www.arl.org/sparcpubsenews/aug01.html#6

[5] 如果你想了解更多关于"一些人为所有人支付"商业模式的信息，请参考《四个清除能源的类比》（Four analogies to clean energy），发表于《SPARC 开放存取新闻通讯》（SPARC Open Access Newsletter）2010 年 2 月 2 日，网址：http://dash.harvard.edu/bitstream/handle/1/4315928/suber_4analogies.html?sequence=2

[6] 如果你想了解关于 OA 期刊的多种商业模式，请参考 OA 知识库中关于 OA 期刊商业模式的列表。网址：http://oad.simmons.edu/oadwiki/OA_journal_business_models

也请参考雷姆．克劳（Raym Crow）撰写的《支持开放存取的收入途径》（Income Modeles for Supporting Open Access），发表于 SPARC，时间为 2009 年 10 月，网址：http://www.arl.org/sparc/publisher/incomemodels

[7] 苏恩杰．戴尔梅尔．帖森（Suenje Dallmeier-Tiessen）等人撰写的《来自 SOAP 的亮点：科学家是如何看待 OA 出版的》（Highlights from the SOAP (Study of Open Access Publishing) project survey. What Scientists Think about Open Access Publishing），该文发表于 arXiv 网站，时间为 2011 年 1 月 28 日。"总的来说，89% 的有过出版经历的科研人员认为 OA 期刊对于他们的学科发展是有益处的。当考虑到学科因素的时候，研究发现在大多数人文艺术和社会科学领域，这个比例超过 90%，而在化学、天文学、物理、工程及其相关学科，这个比例徘徊在 80% 左右。"网址：http://arxiv.org/abs/1101.5260

[8] 关于收取作者出版费用的 OA 期刊比例，请参考斯图亚特．什尔博（Stuart Shieber）撰写的《有多少比例的 OA 期刊收取出版费用》（What percentage of open-access journals charge publication fees?），发表于《The Occasional Pamphlet》，时间为 2009 年 5 月 29 日。网址：http://blogs.law.harvard.edu/pamphlet/2009/05/29/what-percentage-of-open-access-journals-charge-publication-fees

关于收取作者出版费用的付费获取期刊比例，请参考卡拉.考夫曼（Cara Kaufman）和阿尔玛.威尔斯（Alma Wills）合作的《关于开放存取的事实》（The Facts about Open Access），该文由学术与专业学会出版商协会（ALPSP）于2005年发布。网址：http：//www.alpsp.org/ngen_public/article.asp？id＝200&did＝47&aid＝270&st＝&oaid＝－1

关于作者自行掏腰包在收取作者出版费用OA期刊中所占的比例，请参考苏恩杰.戴尔梅尔.帖森（Suenje Dallmeier - Tiessen）等人撰写的《来自SOAP的亮点：科学家是如何看待OA出版的》（Highlights from the SOAP (Study of Open Access Publishing) project survey. What Scientists Think about Open Access Publishing），该文发表于arXiv网站，时间为2011年1月28日。具体是第9页的表4。网址：http：//arxiv.org/abs/1101.5260

也请参考我的两篇关于不收取出版费用的OA期刊方面的文章。

《好的事实，坏的预测》（Good facts, bad predictions），发表于《SPARC开放存取新闻通讯》（SPARC Open Access Newsletter）2006年6月2日，网址：http：//dash.harvard.edu/bitstream/handle/1/4391309/suber_facts.htm？sequence＝1

《不收取出版费用的OA期刊》，发表于《SPARC开放存取新闻通讯》（SPARC Open Access Newsletter）2006年10月2日，网址：http：//dash.harvard.edu/bitstream/handle/1/4552050/suber_nofee.htm？sequence＝1

[9] 请参考阿努埃尔.宾.沙非（Anuar Bin Shafiei）撰写的《中间服务商代表学术图书馆处理作者费用：一项探索性研究》（An exploratory study into an intermediary service organisation handling author fees on behalf of academic libraries），该文发表于《管理与咨询》（Pleiade Management & Consultancy），时间为2010年10月15日。具体请参见论文的4.4部分。在OASPA成员中，发行收取出版费用的OA期刊中，所有的出版商都提供某种形式的出版费用减免或豁免服务；91%的出版商采取措施避免编辑在同行评审过程中知道该作者是否提交了减免或豁免出版费用的请求。网址：http：//www.pleiade.nl/Serviceorganisationauthorfees.pdf；http：//www.oaspa.orgdocsoa_fee_study.pdf

[10] 如果你希望了解对这些计算方法的更多更详细的回复意见，请参考《好的事实，坏的预测》（Good facts, bad predictions），发表于《SPARC开放存取新闻通讯》（SPARC Open Access Newsletter）2006年6月2日，网址：http：//dash.harvard.edu/bitstream/handle/1/4391309/suber_facts.htm？sequence＝1

现在，不仅有70%的OA期刊并不收取作者方的出版费用（参见第8条注释），而且59%的收取出版费用的OA期刊其出版费用大多数都是由资助机构支付的，只有 24% 是由大学支付的（参见第 7 条注释）。

[11] 许多由大学成立的出版基金（代表大学作者支付出版费用）拒绝为这些双重收费的复合期刊支付出版费用。比如，卡尔加里大学的出版基金只为承诺"根据 OA 项目的进展降低订阅费用"的复合期刊支付出版费用。网址：http://library.ucalgary.ca/services/for-faculty/open-access-authors-fund/open-access-authors-fund-frequently-asked-questions-faq#4

许多其他大学的出版基金则拒绝为任何一家复合期刊支付出版费用。比如，哈佛大学的 HOPE 出版基金。网址：http://osc.hul.harvard.edu/hope

[12] 关于 AAP/PSP 的数据，请参考约翰·泰格尔（John Tagler）撰写的《源自执行经理的桌面》（From the Executive Director's Desk），该文发表于《专业学术出版杂志》（*Professional Scholarly Publishing Bulletin*），时间为 2011 年春季。泰格尔（Tagler）指出"规模最大的两家 OA 出版商没有提交他们关于出版项目的数据。"网址：http://www.pspcentral.org/documents/PSPWinter-Spring2011.pdf

请参考 SHERPA 关于复合期刊出版商的列表。我在 2011 年 4 月 29 日核实了一下，当时罗列了 91 家期刊出版商，包括所有规模较大的出版商。网址：http://www.sherpa.ac.uk/romeo/PaidOA.html

《来自 SOAP 专题讨论会的报告》（Report from the SOAP (Study of Open Access Publishing) Symposium），时间为 2011 年 1 月，网址：http://project-soap.eu/report-from-the-soap-symposium

[13] 请参考《开放存取 2006 年度发展》（Open access in 2006），发表于《SPARC 开放存取新闻通讯》（SPARC Open Access Newsletter）2007 年 1 月 2 日，网址：http://dash.harvard.edu/bitstream/handle/1/4729246/suber_oa2006.htm?sequence=1

在 2007 年 1 月份，我曾经将复合 OA 期刊的发展总结如下，至此这种情况也没发生大的变化。

有些复合 OA 项目是发自内心的，甚至是乐观的试验；有些复合 OA 项目是心不甘情不愿的，或者是带有悲观的态度。有些项目收取的出版费用比较低，而且允许作者保留版权；有些项目收取的出版费用比较高，但是仍然要求从作者那里获得版权。有些项目为出版的所有内容都提供 OA 服务，有些项目只是对部分内容提供 OA 服务。有些项目根据作者的参与程度按比例降低订阅收入，有些项目采用"双重收费"的商业模式。有些项目允许作者可以将论文存储在跟出版商没有任何关系的知识库中，有些项目允许作者自由存储论文。有些项目不会干涉作者与资助机构签署的资助合同，有些项目向希望遵守先前的资助合同的作者收费。有些项目允许作者在论文出版后立即将论文存储在知识库中，有些项目则设置滞后期或对作者的自我存储行为收取费用。存在如此众多的政策，从正面的角度来看，可以说是出版商正在全面探索复合 OA 期刊的各种可能形式，以满足自己的要求。我确实相信这种探索是非常有意义的，尽管我也意识到现在的有些模式根本无任何意义而言。在不带任何倾向的前提下表达同样的观点：有些项目希望作者参与到复合项目当中，有些项目则毫不在意（只要他们仍然拥有来自读者的订阅量）。

也请参考《对 2006 年的预测》（Predictions for 2006），发表于《SPARC 开放存取新闻通讯》（*SPARC Open Access Newsletter*）2006 年 12 月 2 日。"对于复合 OA 出版商来说，最大的问题就是他们是否非常希望作者参与其中，使该项目变得非常有吸引力。出版商仍然希望会有订阅收入，这个想法是否会阻碍复合 OA 项目的成功？"网址：http://dash.harvard.edu/bitstream/handle/1/4391164/suber_2006predict.htm?sequence=1

也请参考《复合期刊项目需要回答的九大问题》（Nine questions for hybrid journal programs），发表于《SPARC 开放存取新闻通讯》（SPARC Open Access Newsletter）2006 年 9 月 2 日，网址：http://dash.harvard.edu/bitstream/handle/1/4552044/suber_hybrid questions.htm?sequence=1

[14] BMC 在 2008 年被施普林格收购后，仍然出版 OA 期刊，并有所盈利。BMC 还设有会员制度。网址：http://www.biomedcentral.com

PLoS 出版七份期刊，有些期刊有所盈利，有些期刊没有。从经济运作的角度来看，PLoS ONE 是其中最为成功的期刊，许多付费获取出版商都竞相模仿 PLoS ONE。网址：http://www.plos.org

请参考 PLoS ONE 和我撰写的关于其模仿者的文章。网址：http://www.plosone.org

《近期具有分水岭意义的事件》（Recent watershed events），发表于《SPARC 开放存取新闻通讯》（*SPARC Open Access Newsletter*）2011 年 3 月 2 日，网址：http://dash.harvard.edu/bitstream/handle/1/4736559/suber_watershed.htm?sequence=1

MedKnow 的收入来源不仅包括销售印刷版文献，而且包括广告收入、会员费和为作者提供的再版再印服务收入。网址：http://www.medknow.com

另外一本盈利的非营利性 OA 期刊是来自美国光学学会的《光学快报》（Optics Express）。该期刊是该领域影响因子最高的期刊之一。在 2006 年，它在光学领域的被引次数是最高的。网址：http://www.opticsexpress.org；http://www.photonicsonline.com/article.mvc/IOptics-ExpressI-IOptics-LettersI-Top-Rated-J-0001

[15] 如果你希望了解开放期刊管理系统软件（尤其是 OJS 系统）如何降低出版成本的信息，请参考布莱恩．埃德加（Brian D. Edgar）和约翰．韦林斯盖（John Willinsky）合作的论文《对采用开放期刊系统的学术期刊的调查研究》（A Survey of Scholarly Journals Using Open Journal Systems），该文发表于《学术和研究传播》（Scholarly and Research Communication）2010 年 4 月。重点参考其中的表 14。网址：http：//journals. sfu. ca/src/index. php/src/articleview24/41

《超过 9000 家单位已经安装 OJS 系统》（Over 9000 OJS Installations），发表于公共知识项目（Public Knowledge Project）网站，时间为 2011 年 4 月 6 日，网址：http：//pkp. sfu. canode3695

请参考关于免费和开放期刊管理软件的 OAD 列表。网址：http：//oad. simmons. edu/oadwiki/Free_ and_ open－source_ journal_ management_ software

[16] 基于 2009 年 1 月份开展的研究，约翰．霍顿（John Houghton）预估不仅绿色 OA 能够降低成本，金色 OA 也能降低出版成本。"对于英国高等教育而言，从订阅模式转向 OA 出版模式，期刊论文成本的差异使得 2007 年节省了大约 8000 万英镑……"，网址：http：//www. jisc. ac. uk/media/documents/publications/summary－economicoa. pdf；http：//www. jisc. ac. uk/publications/reports/2009/economicpublishingmodelsfinalreport. aspx

也请参考朱利安．费希尔（Julian Fisher）撰写的《重新被发现的学术出版：电子期刊出版的真实成本和真实自由度》（Scholarly Publishing Re－invented：Real Costs and Real Freedoms in the Journal of Electronic Publishing），该文发表于《电子出版杂志》（Journal of Electronic Publishing），2008 年春季刊。"将最新的工具和方法以合作的手段应用于论文出版，这将大大降低出版的成本，其差异可以达到两个数量级的程度。"网址：http：//hdl. handle. net·spo. 3336451. 0011. 204

也请参考布莱恩．埃德加（Brian Edgar）和约翰．韦林斯盖（John Willinsky）合作的论文《对采用开放期刊系统的学术期刊的调查研究》（A Survey of Scholarly Journals Using Open Journal Systems），该文发表于《学术和研究传播》（Scholarly and Research Communication）2010 年 4 月。重点参考其中的表 15。在调查的使用 OSJ 系统的期刊中，29% 的期刊报告其成本零，20% 的期刊报告其成本为 1 到 1000 美元之间，31% 的期刊报告其成本为 1001 到 1 万美元之间。44% 的期刊报告其收入为零，16% 的期刊报告其收入为 1 到 1000 美元之间，24% 的期刊报告其收入为 1001 到 1 万美元之间。网址：http：//journals. sfu. ca/src/index. php/src/articleview24/41

[17] 请参考简．维尔特罗普（Jan Velterop）于 2003 年 8 月 6 日发在 SSP 讨论组中的文

章。这个文章已经不能在线访问了。

[18] 一项由唐纳德. 金（Donald King）于2010年3月份开展的研究表明，如果所有的付费获取期刊都转变为收费出版费用的OA期刊，而且收取的平均出版费用为1500美元，那么全美作者一年需要支付的出版费用为4.275亿美元（占美国研究与发展预算的0.76%）。如果收取的平均出版费用为2500美元，那么全美作者一年需要支付的出版费用为7.125亿美元（占美国研究与发展预算的1.27%）。基于金（King）的数据，希瑟. 莫里森（Heather Morrison）通过计算，认为从付费获取期刊转向OA期刊可以使美国节省34亿美元。在随后的另外一份报告中，莫里森（Morrison）通过计算，认为爱思维尔和Lexis Nexis在2009年度赚取的20亿美元的利润足以支付全球各地的所有同行评审论文的出版费用（每篇论文的出版费用为1383美元）。网址：http://www.dlib.orgdlibmarch10king03king.html; http://poeticeconomics.blogspot.com-03/us-systemic-savings-from-full-shift-to.html; http://poeticeconomics.blogspot.com-04/elsevier-2009-2-billion-profits-could.html

[19] 请参考OA知识库列表中关于OA期刊资助的信息。网址：http://oad.simmons.edu/oadwiki/OA_journal_funds

也请参考COPE（Compact for Open-Access Publishing Equity），该项目承诺启动出版基金并说服其他机构也跟随这一诉求。网址：http://www.oacompact.org

[20] 参考SCOAP3的主页。网址：http://www.scoap3.org

参考彼得. 萨伯（Peter Suber）撰写的《SCOAP3的第11个小时》(Eleventh hour for SCOAP3)，发表于《SPARC开放存取新闻通讯》（*SPARC Open Access Newsletter*）2010年12月2日，网址：http://dash.harvard.edu/bitstream/handle/1/4736587/suber_scoap3.htm?sequence=1

《SCOAP3全球合作伙伴会晤并决定继续推进项目进展》（SCOAP3 Global Partnership Meets and Decides to Move Forward），SCOAP3新闻发布稿，时间为2011年4月12日。网址：http://www.scoap3.orgnewsnews85.html

[21] 请参考《快速将期刊转为OA出版模式》（Flipping a journal to open access），发表于《SPARC开放存取新闻通讯》（*SPARC Open Access Newsletter*）2007年10月2日，网址：http://dash.harvard.edu/bitstream/handle/1/4322572/suber_flipping.html?sequence=1

第 8 章 严重影响

转向 OA 模式是否会导致具有破坏性的严重后果?[1]比如,数量日益增多的绿色 OA 资源是否会引发图书馆取消订阅付费获取期刊的行为?

有两类人群非常在乎这个问题。其中一类是担心这个问题的答案是肯定的出版商(不是所有的出版商),另外一类则是希望这个问题的答案是肯定的倡导开放存取的活动家(不是所有的活动家)。遗憾的是,到目前为止,这个问题并没有简单的"是"或"否"的答案。针对这个问题的大多数讨论都是在用预测的方式替代事实本身,人们在预测的时候要么带有顾虑重重的心态,要么带有满怀希望的心态。

绿色 OA 的主要驱动力是来自大学和资助机构的 OA 政策。请记住,所有的大学政策都允许出版商保护他们自己的利益。(参见章节 4.1 关于政策。)比如说,如果大学采纳的是漏洞强制性政策或存储强制性政策,那么当出版商不允许大学这么做的时候,大学就不会为其资源提供绿色 OA 服务。如果大学采纳的是与哈佛大学类似的保留版权强制性政策,那么当作者选择弃权或当出版商要求作者把选择弃权作为发表条件的时候,大学也不会为该作者的论文提供 OA 服务。

因此,出版商没有必要过于担心大学的 OA 政策会对订阅产生影响,因为他们自己的手中就握有矫正方法。既然出版商在他们觉得有需要的时候都能自我保护,那么大学教师也就没有必要投票否决 OA 政策。打个不恰当的比方,大学教师的行事风格就没必要像慈父保护自己的子女一样。自从 2008 年 2 月份哈佛大学采纳 OA 政策以来,很少有出版商感觉需要实施相关措施来保护自己的利益。

因此,本章讨论的重点聚焦于由资助机构实施的最为强硬的绿色 OA 政策。比如像维康信托基金会和美国国家卫生研究院采纳的政策,这些政策没有为出版商或受资助者提供弃权的选项。像这种强硬的绿色 OA 政策最终会导致用户取消订阅付费获取期刊吗?下面从 10 个方面来回答这个问题。

1. 至今无人知晓绿色 OA 政策会对期刊订阅产生什么样的影响。

绿色 OA 的发展或许会导致用户取消订阅付费获取期刊，或许不会。但到目前为止，尚未发生这种情况。

2. 物理学领域所发生的情况是最为相关的事实。

绿色 OA 在物理学领域发展得最好，历史也最悠久。截至目前，物理学领域所发生的情况证明绿色 OA 的高度发展并不会导致用户取消订阅期刊。相反，arXiv（物理学领域的 OA 知识库）和付费获取的物理学期刊之间的关系更像是共生关系，而非敌对关系。

物理学家从 1991 年开始就自我存储论文，远远早于其他任何学科领域。在物理学的某些分支领域（比如粒子物理学），OA 资源的存储率高达 100%，比其他任何领域都要高很多。如果数量庞大的绿色 OA 资源会导致用户取消期刊的话，那么我们首先会在物理学领域看到这种结果。但是，物理学领域并没有发生这种替代现象。美国物理学会（APS）和英国物理学会（IOP）是物理学领域最为主要的两家出版商，他们曾经公开坦言自己尚未看到因 OA 存储而引起的用户取消期刊订阅的行为。事实上，APS 和 IOP 不仅与 arXiv 和谐相处，而且前者接受来自后者的投稿，甚至为后者提供镜像服务。[2]

3. 其他学科领域的运作方式或许跟物理学领域会有所不同。

除非其他领域的绿色 OA 程度也达到像物理学领域，否则我们不能盲目地给出更多的结论。

为什么物理学领域的绿色 OA 能发展到目前这个程度以及这个事实能在多大程度上预测其他领域的发展趋势，搞清楚这两个问题对我们绝对是很有帮助的。但到目前为止，我们并不知道这两个问题的全部答案，反对绿色强制性 OA 政策的出版商对这两个问题的答案也并不感兴趣。当出版商游说团宣称大规模的绿色 OA 将严重破坏付费获期刊订阅的时候，他们并没有提供证据，也不承认来自物理学领域的事实，也没有根据这一事实来证明自己结论是否具有正当性。如果他们承认来自物理学领域的事实，他们的言行举止则更会像"科学"的出版商，并会提出证据和理由证明下述两种可能性：要么发生在物理学领域的这种现象将会改变，要么其他学科领域将会经历不同的现象。

爱思维尔期刊《柳叶刀》在 2004 年 10 月曾经发表了一篇社论。该社论号召出版商的游说团应该要做得更好一些。"我们的期刊也发表受美国国家卫生研究院资助的科研成果。作为这份期刊的编辑，我们不同意美国出版商协

131

物理学家从 1991 年开始就自我存储论文，远远早于其他任何学科领域。在物理学的某些子领域（比如粒子物理学），OA 资源存储率高达 100%，比其他任何领域都要高很多。如果数量庞大的绿色 OA 资源会导致用户取消期刊的话，那么我们首先会在物理学领域看到这种结果。但是，物理学领域并没有发生这种替代现象。

会主席帕特利夏．施罗德（Patricia Schroeder）的观点。通过绿色强制性 OA 政策扩大对研究论文的获取途径不太可能会破坏学术出版的根基。施罗德对此并没有提供足够的证据，她只是声称这是一种威胁。这种抗辩并不…"[3]

将绿色 OA 强制性政策应用于物理学领域以外的其他领域已有八年多了。这些政策都是天然的"实验"，我们仍在观察它们的效果。在 2008 年和 2010 年的国会听证会上，立法委员直接询问出版商绿色 OA 的发展是否引发了用户取消订阅期刊的行为。作为回应，出版商指出绿色 OA 资源的发展导致了付费获取期刊论文"下载量"的降低，但没有提高用户取消期刊订阅的比例。[4]

4. 开放存取的发展降低了用户直接从出版商网站下载论文的次数，这是事实。

当用户知道一篇文章同时提供 OA 版和付费获取版的时候，许多人都倾向于点击 OA 版。这可能是因为他们并不是某订阅机构的成员，也可能是因为身份认证是比较麻烦的事情。而且，当用户找到文献的 OA 版后，他们就不再搜寻其他版本了。但下载量的下降跟订阅数量的下降不是一回事，跟取消期刊订阅的行为也不是一回事。

而且，出版商网站上付费获取版本下载量的下降也不等同于论文的总体下载量。从来没有人说绿色 OA 政策导致论文总体下载量的降低。事实上，绿色 OA 政策并没有降低代表读者数量或读者阅读频次的论文总体下载量；相反，表明开放存取能够提高引用影响力的证据同样也能表明开放存取扩展了读者数量，提高了用户的阅读频次。[5]

5. 大多数出版商主动允许用户对资源实施绿色 OA 存储。

作为对绿色 OA 强制性政策这种天然实验的补充手段，出版商主动允许用户对资源实施绿色 OA 存储是另外的一种天然实验。相对于其他大多数付费获取期刊出版商来说，自然出版集团相对保守，它要求用户对资源实施绿色 OA 存储需要 6 个月的滞后期；但该集团又相对具有革新意识，它积极鼓励绿色 OA 道路的发展。自然出版集团在 2011 年 1 月报告了它的多学科试验结果："我们发现作者的自我存储与订阅商业模式并不冲突，因此自 2005 年以来，我们一直在积极鼓励作者的自我存储行为。"[6]

大多数主动允许用户对资源实施绿色 OA 存储的付费获取出版商也都有这种经历或类似的经历。即使出版商并不主动鼓励绿色 OA，但是大多数都允许没有时滞的存储。如果他们发现这种行为会引发用户取消期刊订阅的行为，

133

他们早就会停止这种做法了。

6. 在绿色强制性 OA 政策的框架下，图书馆至少还有四个维持订阅付费获取期刊的动力。

甚至最为强硬的 OA 政策（没有漏洞也没有提供弃权选项）都为图书馆订阅付费获取期刊保留了相关动力。

首先，所有资助机构的 OA 强制性政策都涉及特定滞后期（以保护出版商的利益）。比如说，英国研究委员会的 OA 强制性政策允许论文在正式出版后有 6 个月的滞后期。美国国家卫生研究院的 OA 政策允许的滞后期达到 12 个月。希望为读者立即提供文献获取服务的图书馆仍然有订阅期刊的动力。

其次，所有资助机构的 OA 强制性政策的适用对象都是作者经过同行评审的版本，而非正式出版的版本。如果期刊在同行评审之后为论文提供了文字编辑服务，那么这些政策都不适用于经过文字编辑后的版本，更不用说经过格式处理、标有页码的正式出版的版本了。希望为用户提供获取经过文字编辑后的版本的图书馆仍然有订阅期刊的动力。

上述政策中的这两项规定的目的正是为了保护出版商的利益。资助机构主动采纳这两项规定，这是对出版商做出的有意退让，也是对公众利益——为用户立即提供最好版本——的妥协。当我们把这两项规定放在一起的时候，我们就会发觉在论文正式出版后的 6 个月至一年中，用户不能获取经过同行评审的论文的 OA 版本（而只能订阅付费获取版本）。同时，如果出版商不主动允许的话，用户永远不能获取论文正式出版版本的 OA 版（即使是过了出版商设定的滞后期之后）。出版商对正式出版的版本拥有的排他性期限与其版权保护期限一样长久。即使作者的自我存储最终严重影响了物理学领域之外的其他学科的期刊订阅行为，出版商也可以借助上述的这两项规定更有效、更长久地保护自己的利益。

第三，科研资助项目的 OA 强制性政策只是适用于研究论文，并不适用于学术期刊出版的其他类型的内容，比如书信、社论、综述性论文、书评、布告、新闻、会议信息，等等。希望为用户提供获取这些类型内容的图书馆仍有动力来订阅期刊。

第四，资助机构的 OA 强制性政策只适用于受资助的论文。很少有期刊出版的论文都是来自受某家或几家采纳强制性 OA 政策的资助机构资助的论文。如果图书馆希望为用户提供期刊所有论文的获取服务（不管这些论文的资助来源），仍然有动力来订阅期刊。当然，随着越来越多的资助机构采纳强制性OA政策，这种动力也日益减弱。但是，不受任何资助机构资助的论文仍然不在这个范围之内，同时上述提到的三个动力也会继续存在。

大学和研究型图书馆协会在2004年的一封评论美国国家研究院政策的公开信中阐明了图书馆订阅期刊的动力："尤为重要的是，我们希望强调的是学术型图书馆并不会因为这项计划的实施而取消对期刊的订阅⋯即使图书馆在决策是否取消期刊订阅的时候会考虑受国家卫生研究院资助的论文的可获得性问题，但是他们没有合适的办法得知期刊中的哪些论文将在滞后期之后可以供用户免费获取。"[7]

7. OA资源的增加是否会提高用户取消订阅期刊的可能性，有些研究在试图回答这个问题。

在2006年一项由出版研究联盟开展的调研中，克里斯．贝克特（Chris Beckett）和西蒙．英格（Simon Inger）询问了400位图书馆员，让他们给出在决策取消期刊订阅过程中每项因素的相对权重。在其他条件等同的前提下，图书馆员更倾向于免费内容（而非付费内容）和存储滞后期较短的内容（而非存储滞后期较长的内容）。出版商将此解读为OA资源的增加将会导致图书馆员取消对期刊的订阅。这项研究最主要的缺陷是存在过多的人为因素。举个例子，这项调研没有询问具体期刊的名称，而只是提到了很抽象的资源概念。这项调研也忽略了大学教师的意见在图书馆员决策是否取消订阅期刊过程中的作用，而所有的图书馆员都认为大学教师的意见往往是具有决定性的。因此，这项调研的结果就好像是在验证预先的倾向，而不是真正在研究取消期刊订阅行为的决策问题。[8]

用于决策取消期刊订阅的三个最为重要的因素（按其重要性降序排列）分别是：大学教师不再需要⋯，使用量和价格。接下来排在第四位的是通过OA存储的内容可获得性和通过内容集成商的内容可获得性，但这个因素的重要性远远不如前面的三个因素。期刊的影响因子和通过延时OA的内容可获得性在排序方面比较靠后⋯就OA存储而言，有很多证据可以证明他们并不会直接影响图书馆对期刊的订阅。[9]

简而言之，付费获取期刊应该更加担心的是自己的价格涨幅而不是绿色OA的发展所带来的影响。如果出版商继续保持价格涨幅，那么肯定会加剧科研人员的文献获取问题，也进一步弱化自身发展的可持续性。如果出版商把解决方案诉诸于谴责绿色 OA 并到处游说反对绿色 OA 政策的话,那么他们实际上是在给科研人员的文献获取继续设置障碍,而对促进自身的可持续发展没有任何好处。

8. OA 模式或许能够提高投稿数量和订阅额度。

有些付费获取期刊发现在过了滞后期(甚至是很短的一段时间,比如两个月),为用户提供 OA 服务实际上提高了论文的投稿数量和订阅额度。举个例子,美国细胞生物学会和它的所属期刊(《细胞分子生物学》)就有过这样的经历。

印度出版商 Medknow 察觉到在出版付费获取印刷版期刊的同时,发行没有滞后期的全文 OA 版非但没有减少用户对印刷版期刊的订阅,期刊的投稿数量和订阅额度反而都有所上升。[10] Hindawi 出版公司也发觉在 2007 年将所有的同行评审刊都转变为 OA 期刊之后,期刊的投稿数量一直在稳步上升。在回顾了过去数年稳步增多的投稿数量之后,公司的创办人兼总裁阿默德.何恩达维(Ahmed Hindawi)在 2010 年 1 月份说道,"现在我们可以很明确地说,公司向 OA 模式的转型…是我们迄今为止最好的决策…"。[11]

9. 有些出版商担心绿色 OA 的发展会迫使传统期刊向金色 OA 转型。

有些出版商担心绿色 OA 的发展不仅会导致用户取消订阅付费获取期刊,而且会迫使传统期刊向金色 OA 转型。(同样地,有些 OA 活动家希望会产生这样的效果。)

对于这种双重顾虑,有两种回应。担心绿色 OA 的发展会导致用户取消订阅期刊的顾虑忽视了上面 1 到 8 点所提到的相关事实。担心绿色 OA 的发展会迫使传统期刊向金色 OA 转型的顾虑也是忽视了相关的事实,比如阿默德.何恩达维(Ahmaed Hindawi)上述的证词。施普林格的总裁德克.汉克(Derk Haank)也有类似的证词;在 2008 年施普林格收购 BMC 成为世界上最大的 OA 出版商的时候,汉克曾说道,"我们把 OA 出版视为 STM 出版可持续发展的一部分,而不是对传统出版意识形态的征战。"(参见第 7 章关于经济问题。)[12]

没有金色 OA 经历的出版商不需要听从已经有金色 OA 经历的出版商,但是前者应该至少要研究后者。

事实上,随着付费获取期刊价格和研究成果数量的增长速度远远超过图书馆的经费预算,OA 模式的发展或许比付费获取出版模式更具有可持续性。

（参见章节 2.1 关于问题。）如果出版商承认金色 OA 具有可持续性，甚至可以盈利（只是利润率没有像今天商业出版商那么高），那么他们的反对意见将会呈现一幅完全不同的色彩。他们无需面临倒闭的风险，所做的只需降低利润率；他们也就没有必要声称需要顾虑自己的存亡问题，所做的只需保护当前的利润水平。代表公共利益的公共资助机构或者出于慈善目的的私人资助机构没有理由为了出版商的这种诉求而向他们妥协自己的使命。

10. 即使绿色 OA 政策确实为付费获取期刊带来了威胁，这类政策也是合理的。

如果我们的兴趣点只是停留在绿色 OA 的发展对付费获取出版商所带来的影响这一话题的话，那么就可以止步于第 1 到第 9 点。但是，如果对上好的政策感兴趣的话，则必须额外增加一个因素：即使绿色 OA 政策确实为付费获取期刊带来了威胁，这类政策仍然也是合理的。

在这里，由于这个因素已经超出了开放存取所带来的影响这一话题，所以我不会详细展开论述。但是，我仍要指出讨论这个话题的一个视角：我们有充分的理由希望知道绿色 OA 的发展是否会引发用户取消付费获取期刊的订阅，或者甚至从中可以修正我们的政策。但是，我们没有理由把付费获取期刊和出版商的繁荣发展置于科研本身的繁荣发展之上。

参考文献

[1] 该章节引用我之前发表的两篇文章。
《开放存取破坏了同行评审？》（Will open access undermine peer review?），发表于《SPARC 开放存取新闻通讯》（SPARC Open Access Newsletter）2007 年 9 月 2 日。网址：http://dash.harvard.edu/bitstream/handle/1/4322578/suber_peer.html?sequence=1
《旨在毁坏 NIH 政策的一项提案》（A bill to overturn the NIH policy），发表于《SPARC 开放存取新闻通讯》（SPARC Open Access Newsletter）2007 年 10 月 2 日，网址：http://dash.harvard.edu/bitstream/handle/1/4322592/suber_nihbill.html?sequence=1

[2] arXiv，网址：http://arxiv.org；APS（美国物理学会），网址：http://www.aps.org；英国物理学会（IOP），网址：http://www.iop.org；arXiv 的 APS 镜像（创办于 1999 年 12 月），网址：http://aps.arxiv.org；arXiv 的 IOP 镜像（创办于 2006 年的 9 月），网址：http://eprintweb.org；请参考阿尔玛·斯沃恩（Alma Swan）对

APS 和 IOP 的采访录，在这两份采访录中，"这两个学会都表明它们并没有因为 OA 存储而丧失任何的订阅收入"。网址：http：//eprints. ecs. soton. ac. uk/11006

[3] 《NIH 研究：扩大获取途径和建立合作模式》（NIH research：Widening access, building collaboration），发表于《柳叶刀》（The Lancet）2004 年 10 月 6 日。网址：http：//dx. doi. org/10. 1016/S0140 - 6736（04）17232 - 2

[4] 其中一次听证会是由约翰. 科尔尼斯（John Conyers）议员召集，单位是众议院司法委员会，时间是 2008 年 9 月 11 日，主题是"法院、互联网和知识产权（Courts, the Internet, and Intellectual Propert）"。另外一次听证会是莱西. 克莱（Lacy Clay）议员召集，单位是众议院，时间为 2010 年 7 月 29 日，主题是"信息政策、审查和国家存档（Information Policy, the Census, and National Archives）"。
来自 2008 年听证会的证词，网址：http：//judiciary. house. gov/hearings/printers/110th/44326. PDF
来自 2010 年听证会的证词，网址：http：//republicans. oversight. house. gov/index. php? option = com_ content&view = article&id = 922% 3A07 - 29 - 2010 - information - policy - qpublic - access - to - federally - funded - researchq&catid = 14&Itemid
在 2008 年的听证会上，跟其他出版商一样，APS（美国心理学会）的执行总裁预言 NIH 政策将会导致图书馆取消订阅期刊。但是 NIH 政策允许论文在出版后距离正式 OA 有 12 个月的滞后期，APS 主动地将自己的论文在出版 12 个月后为用户提供 OA 服务。在随后对这位总裁的采访中（2009 年 10 月），他承认并没有证据来证实自己当初的预言。"截止目前为止，我们尚未看到任何的影响。"网址：http：//www. the - scientist. comblogdisplay/56046
除了资助机构和大学绿色 OA 强制性政策开展的"天然试验"外，目前在研的还有一个大规模的项目——出版和欧洲研究生态学（Publishing and the Ecology of European Research），网址：http：//www. peerproject. eu

[5] 斯蒂夫. 希契科克（Steve Hitchcock）的《开放存取和下载量对论文被引的影响》（The Effect of Open Access and Downloads（'Hits'）on Citation Impact：A Bibliography of Studies），出处是开放引文项目（the Open Citation Project）网站，该内容处于持续更新状态。网址：http：//opcit. eprints. org/oacitation - biblio. html

[6] 《自然出版集团对 OA 出版和订阅商业模式的立场》（NPG position statement on open access publishing and subscription business models），检索时间为 2011 年 1 月 6 日，网址：http：//www. nature. com/press_ releases/statement. html

[7] 《支持 NIH 倡议的公开信》（Letter supporting NIH Proposal），大学和研究型图书馆协会，2004 年 11 月 16 日。网址：http：//www. ala. org/ala/mgrpsdivsacrl/issues/

washingtonwatch/ALA_ print_ layout_ 1_ 168551_ 168551. cfm

[8] 请参考克里斯. 贝克特（Chris Beckett）和西蒙. 英格（Simon Inger）合作的《自我存储和期刊订阅：共存还是竞争？对图书馆员偏好的一项国际调研》（Self – Archiving and Journal Subscriptions：Co – existence or Competition? An International Survey of Librarians' Preferences），发表于《出版研究联盟》（*Publishing Research Consortium*），检索时间为 2006 年 10 月 26 日，网址：http：//www. publishingresearch. net/documents/Self – archiving_ report. pdf

也请参考斯蒂夫. 希契科克（Steve Hitchcock）收集的对 PRC 调研的反对意见。网址：http：//www. eprints. org/communityblogindex. php? /archives/163 – Self – Archiving – and – Journal – Subscriptions – Co – existence – or – Competition. html

[9] 《ALPSP 关于决定是否取消订阅期刊的影响因素的调研：针对图书馆员开展的实证研究》（ALPSP survey of librarians on factors in journal cancellation），发布机构为 ALPSP（学术和专业学会出版商协会），检索时间为 2006 年 3 月 30 日，网址：http：//www. alpsp. org/ForceDownload. asp? id = 53

[10] 关于 ASCB，请参考乔纳森. 威茨曼（Jonathan B. Weitzman）撰写的《社会女士》（The Society Lady），这是作者采访时任 ASCB 执行总裁伊丽莎白. 玛丽琳卡勒（Elizabeth Marincola）的访谈录，发表于《今日开放存取》（*Open Access Now*），检索时间为 2003 年 10 月 6 日，网址：http：//www. biomedcentral. com/openaccess/archive/? page = features&issue = 6

关于 Medknow，请参考萨胡（D. K. Sahu）和拉梅什. 帕尔玛（Ramesh C. Parma）撰写的《印度的开放存取》（Open Access in India），该文收录在由尼尔. 雅各布斯（Neil Jacobs）编辑的《开放存取：关键战略、技术和经济问题》（Open Access：Key strategic, technical, and economic aspects），该书由钱多斯（Chandos）出版有限公司于 2006 年正式出版。网址：http：//openmed. nic. in/1599/01/Open_ Access _ in_ India. pdf

[11] 请参考 Hindawi 出版社发布的《2009 年：Hindawi 大力发展的一年》，发布时间为 2010 年 1 月 6 日，网址：https：//mx2. arl. org/lists/sparc – oaforum/Message/5326. html

关于向 Hindawi 期刊投稿数量不断增加的信息，请参考该公司从 2007 年到 2011 年发布的相关信息。网址：

https：//mx2. arl. org/Lists/SPARC – OAForum/Message/3793. html；https：//mx2. arl. org/Lists/SPARC – OAForum/Message/4829. html；https：//mx2. arl. org/lists/sparc – oaforum/Message/5326. html；https：//mx2. arl. org/Lists/SPARC – OAForum/Message/5581. html；https：//mx2. arl. org/Lists/SPARC － OAForum/Message/5715. html；

[12] 请参考施普林格关于收购 BMC 的新闻通讯稿，2008 年 10 月 7 日。网址：https：//mx2. arl. org/Lists/SPARC－OAForum/Message/4605. html

第9章　未来发展

开放存取的基本理念是非常简单的。[1]但在过去的多年中,为了回应各种反对声音,同时使自身的实施工作更加快速、简易、廉价和合法,开放存取做了一些非常重要的完善工作。开放存取在完善自身的同时也导致了一种紧张的关系。因为开放存取的基本理念非常简单,它仍然处于持续被再发现的过程。但是,刚刚接触这个概念的用户还没有吸收和消化上面提到的开放存取所做的完善工作。

因此,一个比较复杂的情况就是刚刚接触开放存取的用户虽然从理论上说已经支持开放存取,但是他们并不了解如何支付费用、如何支持同行评审、如何避免侵犯版权、如何避免侵犯学术自由、如何回答许多尚未被解答的反对意见和诸多误解。另外一个比较复杂的情况就是刚刚接触开放存取的人会认为开放存取的实质就是绕开同行评审,把学术传播转变为博客和维基条目,或者认为开放存取的实质就是打着更好地服务学术利益的旗号而从事践踏版权的勾当。

简而言之,开放存取本身的成功导致了阻碍它继续发展的一个影响因素,这可以说是一个颇具讽刺意味的副作用。相对于经过完善的内容和招募的支持者(这些支持者经常重复先前老旧的对开放存取的误解和忽略对反对者常见问题的最有利的解答),开放存取的基本理念要传播得快多了。幸运的是,支持OA运动的新手所带来的"净效益"要远远超过开放存取的成功所带来的副作用。

伴随着互联网成长的学者正在稳步地取代那些成长在传统印刷环境中的学者。跟以往的学者不同,现在的有些学者希望自己所写的所有内容都放在网络上、希望通过网络找到自己所需的任何内容、希望自由地获取内容以便阅读、查找、链接、复制、粘贴、打印和分发;这些学者也开始习惯上述这些行为。现在,也有些学者期望能在质量参差不齐的网络文献中找到最为有用的资料,他们正在以不可阻挡的趋势取代那些仍然把网络上的文献都视为垃圾的同行。

　　某些懒惰的学者认为如果网络上的文献不是免费的，那么就没有必要去查阅这些文献。这从来都不是事实。但这种现象逐渐在成为事实，那些希望这种现象成为事实的用户或许能够加速这个过程的进展。有些学者希望生活在通过网络可以免费获取所有的同行评审刊的世界里，这类学者的人数日益增多，他们很快将会在大学、图书馆、学会/协会、出版商、资助机构和政府部门掌权。这种基于代际的变化显然是站在有利于开放存取发展的这一边。[2]

　　即使不存在着上述的代际变化，时间也是站在有利于开放存取发展的这一边。时间本身已经消除了很多对开放存取的误解。每个人都已经开始适应这些观念：OA文献也是有版权的、版权持有人可以放弃版权选择开放许可证、OA文献也是经过同行评审的、出版OA文献的成本是可以弥补的、OA模式和付费获取模式是可以并存的。在开放存取发展的历史上，出现了许多的发展障碍。究其原因，令人惊讶的是，这些障碍的出现都可以归结为人们的想象力不够丰富。许多在学术研究方面富有经验的学者就是看不到开放存取发展的各种可能性。这里的问题不是人们的想法过于混乱，也不是人们的想法不够聪明（虽然这两个假设被广泛流传），而是他们对未经检验的假设存在恐慌、漠然和亵渎之心。对于某些利益相关者来说，清晰的解释、重复或者有过实战的经验有助于解决问题。但对于其他人而言，随着时间的推移，问题自然就解决了。[3]

　　刚刚接触开放存取的用户之所以对开放存取存在误解，有时是被一个明显错误的出版材料或另外一个刚刚接触开放存取的人所误导。但是在大多数的情况，他们主要是基于零星的信息和过时的模式所做出的无意识的臆断。这是新生事物在发展过程中所遭遇的致命冲击。如果开放存取使用互联网，它一定会绕开同行评审。（真是这样的吗？）如果OA论文可以被随意复制，它一定会有版权问题。（真是这样的吗？）如果OA模式不收取终端用户的获取费用，它的支持者一定可以宣称OA出版是不需要成本的。（真是这样的吗？）如果OA出版需要成本，那么弥补这些成本一定是不可能的。（真是这样的吗？）当然，这些结论是较为无知的说法。许多熟悉传统模式（付费的、印刷版的、经过同行评审的以及受版权保护的出版模式）的用户已经察觉到人们希望并倡导发展一个新的模式，但是他们并不清楚这个新的模式跟传统模式有何不同。一个常见的但是不太正确的猜测是：这两个模式在所有方面都不一样。这种做法就是典型的只是看到黑白却没有看到黑白之间还存在灰色地带。

突然，我们不得不要维护一下当前学术传播系统中的所有仍然在发挥作用的要素，好像这些要素目前也都处于被攻击的状态。有人浪费很多精力用于维护同行评审，事实上，从来没有人攻击同行评审。同样地，也有人浪费很多精力用于维护版权（或浪费很多精力用于庆祝版权的式微），事实上，从来没有人攻击版权。（更为准确的表述是，人们是从其他的角度攻击版权和版权过多保护的范围，但是开放存取本身与版权是不矛盾的。）对于开放存取的辩论经常导致对一个更大问题的辩论——在目前的学术传播系统中，哪些要素仍然发挥作用，哪些要素已经失效了。这种辩论是有价值的，但是如果把狭义的开放存取与广义的学术传播系统混在一起，对于我们认识一些问题就会产生干扰作用，包括开放存取的本质、开放存取与目前学术传播系统中仍然在发挥作用的要素之间的兼容关系以及开放存取的实施难度等。

随着时间的推移，我们看到在关于开放存取的重要讨论中，相对于错误的表述，正确的表述已经越来越多了。相对于数年之前的情况，现在当人们第一次碰到关于开放存取的不太完整的说法的时候，他们对开放存取的判断和理解更多地会依赖于更加可靠的资料。如果他们花点时间通过网络搜寻一下相关信息，几乎可以百分之百地找到可靠的信息和资料。

把开放存取作为解决严重的文献获取问题的途径，这是一种非常吸引人的想法。即使我们承认在向OA模式转型的过程中需要文化的变革（文化的变革确实比技术的变革重要得多），但是我们还是很容易轻估我们可能会面临的文化障碍以及克服这些障碍所需要的时间。开放存取与版权、同行评审、商业利润、印刷媒介、学术声望和长期保存并不矛盾。但当这些事实被错误的假设所遮蔽的时候，在帮助消除人们对开放存取的抵制方面，这些事实并没有起到太多的作用。

不是所有对开放存取的抵制都是出于对开放存取概念本身的误解，虽然大部分确实如此。不过，因为对开放存取概念本身的误解而导致的抵制行为正在逐渐消失。具体原因很多，包括来自每个国家和每个学科领域的学者的积极努力。但不可否认的是，其中一个很主要的也是很确定的原因就是时间的因素——随着时间的推移，越来越多的人开始熟悉这个曾经很新的概念。

在开放存取简短的发展史上,第一个具有讽刺意味的事情是开放存取曾经受阻于由它自身成功所带来的混乱。随着时间的推移所带来的变化又滋生第二个具有讽刺意味也颇令人伤心的事情。文化惯性会推延人们对全新观念的接受,没有人对此会感到惊讶。但是,文化惯性会推延人们对开放存取的接受和采纳,其方式就是让很多人误认为开放存取是一个比其概念本身所蕴含的内涵更为激进的事物。

参考文献

[1] 该章节引用我之前撰写的两篇文章。

《关于开放存取与付费获取模式共存的思考》(Reflections on OA/TA coexistence),发表于《SPARC 开放存取新闻通讯》(SPARC Open Access Newsletter)2005 年 3 月 2 日。网址:http://dash.harvard.edu/bitstream/handle/1/4391157/suber_coexistence.htm?sequence=1

《迎合开放存取发展的趋势》(Trends Favoring Open Access),发表于《CT 观察》(CT Watch)第 3 卷第 3 期,2007 年秋季刊。网址:http://www.ctwatch.org/quarterly/print.php%3Fp=81.html

[2] 如果资源在网络上不是免费的,那么根本就不值得一读。关于这种看法的潜在危险,请参考《艾伦.罗氏的故事》(The Ellen Roche story)和《对艾伦.罗氏的故事的评论》(Comments on the Ellen Roche Story)这两篇文章,这两篇文章都发表在《自由在线学术新闻通讯》(Free Online Scholarship Newsletter)2001 年 8 月 23 日。网址:http://dash.harvard.edu/bitstream/handle/1/4725003/suber_roche.htm?sequence=1

http://dash.harvard.edu/bitstream/handle/1/4725201/suber_rochecomments.htm?sequence=1

[3] 一方面,大学教师全票一致通过强制性 OA 政策;与此同时,大学教师迟迟没有关注和了解 OA 运动。我们如何才能更好地理解这两个事实同时存在的现象。请参考《全体教师投票通过决议》(Unanimous faculty votes),发表于《SPARC 开放存取新闻通讯》(SPARC Open Access Newsletter)2010 年 6 月 2 日。

大学教师全体投票一致通过 OA 政策,这种现象不是偶然的例外。大学教师迟迟没有关注和了解 OA 运动,这是一个大的形势。但是,大学教师全体投票通过采纳 OA 政策这一事实正在逐步扭转上述的大形势。在这些院校,OA 政策的倡导者和制定者在他们的同事中积极普及 OA 知识,耐心地解答同事对 OA 的问题、反对意见以及诸多误解……我们从中可以学到的一个经验就是：如果你所在的大学正在考虑制定和采纳 OA 政策，请耐心等候。可以给宣传推广足够的时间…

网址：http：//dash. harvard. edu/bitstream/handle/1/4723857/suber_ vote s. htm？ sequence =1

第 10 章 自助方案

10.1 如何使自己的作品成为金色 OA 资源

在 OA 期刊上发表论文就像在传统期刊上发表论文。首先要找到一份合适的期刊，然后提交原稿。如果你不太熟悉同行评审 OA 期刊，可以借助 DOAJ（OA 期刊指南）按学科领域浏览。如果你找不到一份符合自己要求的 OA 期刊，在撰写下一篇论文的时候再去核查一下。OA 期刊发展得非常快。[1]

如果你发现一份 OA 期刊质量比较好，但由于太新还没有获得足够的学术声望的话，可以考虑把优秀的论文投给这份期刊，帮助它获得与其质量相匹配的学术声望。如果 OA 期刊得不到这种帮助（尤其是具有一定的学术权威性、同时已经没有晋升压力的资深学者的帮助）的话，新创办的 OA 期刊很有可能会陷入发展的恶性循环。一方面，期刊需要高质量的投稿来树立学术威望；另一方面，期刊需要学术威望来吸引高质量的投稿。（这种恶性循环可能是新期刊发展面临的主要障碍。）

请记住大约 30% 的 OA 期刊向作者收取出版费。在 OA 期刊上发表的论文中，有 50% 的论文都是发表在付费出版的期刊上的。因此，适合发表你的论文的 OA 期刊有可能会收取出版费。如果碰到这样的情况，不要沮丧，也不要放弃。在付费出版期刊上发表论文的作者当中，只有 12% 的作者最终是从自己的腰包里掏钱的。对于大多数在付费出版期刊上发表论文的作者来说，他们的出版费要么是由资助者（资助机构或自己所在的单位）支付的，要么是期刊直接给予豁免或提供打折。而且，出版费用的存在并不意味着期刊处于"虚荣出版（vanity publishing）"的状态。你的论文仍然需要经过同行评审，只有当论文被录用了之后出版费才会起作用，负责处理和评审你的论文的编辑和外审人员并不知道你是否提交了免交出版费的申请。（参见章节 5.1 关于同行评审和第 7 章关于经济问题。）

如果你的研究受到资助，请查看你的资助机构是否提供出版费（要么允许你利用资助经费支付出版费，要么提供额外的出版资助经费）。如果你的研究没有受到任何资助，或者你的资助机构没有提供出版费，请查看 OA 期刊列表或咨询图书馆员以确定你所在的机构是否设有为在 OA 期刊上发表论文的出版基金。如果没有，请向期刊申请免交出版费。[2]

如果你找不到出版费，自己又没有实力支付出版费，同时又不想在不需要收取出版费的质量稍差的 OA 期刊上发表论文，你也不要放弃开放存取。你所做的就是转向绿色 OA（参见章节 10.2 关于如何使自己的作品成为绿色 OA 资源）。

最后，请记住大多数 OA 期刊都是新的期刊，新期刊可能是质量一流的期刊，但却没有一流期刊的声望。在评估新期刊质量的时候，先要查看你或你的同事是否悉期刊编辑或编辑委员会成员的名字。他们是令人尊敬的学者吗？如果要评估新期刊的学术诚实性和职业水准，可以查看该期刊是否隶属于 OASPA（开放存取学术出版商联盟），该联盟对其成员要求符合特定的职业准则。当然，许多优秀的 OA 出版商还不是 OASPA 的成员。但是，如果你心有疑虑，把范围局限于 OASPA 的成员就不会犯错。[3]

10.2　如何使自己的作品成为绿色 OA 资源

如果你在付费获取期刊上发表论文，这些期刊通常会允许你将经过同行评审的稿件存储在 OA 知识库中。为了确认这一点，你可以查阅期刊的出版协议。如果你的眼睛不太好使，或者你希望快速地浏览众多不同出版商的政策，可以参见 SHERPA 关于出版商政策的数据库。[4]

当期刊的标准出版合同没有授予你所需要的权利（比如不允许你将论文存储在 OA 知识库中），你可以要求对方做相应的修正。理由有二。首先，你或许因此就获得你希望得到的权利。在作者提交请求的时候，许多没有主动提供绿色 OA 存储许可的出版商通常会批准你的请求。在作者提出要求的时候，有些出版商（甚至是你觉得自己根本没有能力与对方进行谈判的出版商）会提供"计划 B"的替代协议。其次，即使你没有获取你希望得到的权利，你也在一定程度上向出版商传达了你的要求，让出版商明白作者的需求正在发生变化。当然，这么做不一定会造成双方紧张的对抗关系，期刊其实也想

147

知道作者希望获取什么。在任何情况下，征求出版商的同意对自己没有丝毫伤害。期刊也许会拒绝你的请求，但不会仅仅因为你提出一条新的合同条款而撤掉已经被接受的论文。

如果你不知道需要请求出版商做哪些修正，可以使用作者补遗协议。作者补遗协议是由推广 OA 运动的专业律师撰写的出版合同修订版，可以与标准的合同配合使用。如果出版商拒绝签署你提交的作者补遗协议，那么就可以考虑另外一家出版商。[5]

不要让这些合同修正的细节把你吓跑了。大多数付费获取期刊和出版商允许在不需要经过任何合同修正的前提下就允许你对其论文实施绿色 OA 存储。在这里，我提及这些细节问题，只是为了照顾到极少数的情况。而且，资助机构和大学起草的 OA 政策已经能够让作者在不需要跟出版商进行协商的前提下就可以获得绿色 OA 的许可。这也是为什么需要在大学层面起草并采纳一个不错的 OA 政策的理由之一。（参见第 4 章关于政策。）

如果你获得了可以将论文存储在 OA 知识库中的许可，那么接下来你需要找到一个你拥有存储权限的 OA 知识库。首先在你所在的机构或所属的学科领域找一下。[6] 如果没有，在你撰写下一篇论文的时候再核实一下，OA 知识库发展得非常迅猛。同时，你也可以考虑对所有类型的研究论文都开放的综合知识库。在这里，我推荐 OpenDepot、OpenAire、Academia 和 Mendeley。[7]

除了存储后印本或经过同行评审的论文之外，你也可以考虑为预印本或尚未经过同行评审的论文实施绿色 OA 存储。为预印本实施绿色 OA 存储的好处之一就是你不需要任何其他人的许可。理由就是预印本尚未正式出版，你还没有把任何版权转让给出版商。但是，为预印本实施绿色 OA 存储也有一个问题；有些期刊遵循所谓的"英吉尔芬格规则（Ingelfinger Rule）"。也就是说，遵循这一规则的期刊不接受已经作为预印本进行传播的论文。虽然这些期刊的数量正在逐步减少，但在某些学科领域（比如医学）仍然为数不少。如果你担心这一规则对自己的投稿带来麻烦，请事先与你希望投稿的期刊进行核实。

也请尽快以最少限制的方式将你的数据集为用户提供 OA 服务。大多数知识库接受任何类型的文件，其中就包括数据文档。但是，目前的知识库一般都是优先为文本设计，所以不一定非常适合存储数据文档。请在自己的学科领域查看是否存在专门的数据知识库。[8]

研究生应该为自己的学位论文提供绿色 OA 服务。有些知识库专门致力于存储学位论文，但是大多数综合知识库也接受学位论文，即使所在机构并不强制性要求存储学位论文。（参见章节 5.2 关于学位论文的 OA 服务。）

你应该优先考虑为新撰写的或新发表的论文提供 OA 服务。但是，如果时间允许的话，也尽量把之前已经出版的作品转变为 OA 资源。有的时候，这意味着向出版商再次提交你原先没有获得许可的请求，或者意味着查看出版商关于知识库存储的最新政策。有的时候，这意味着要把之前只有印刷版的出版物首先要转化为数字格式，或者意味着你只能提交出版商允许的版本（比如说已经经过同行评审但尚未进行文字编辑的版本）。你所在的大学有可能会帮助你操作上面提及的各种事情；请与你所在的图书馆进行核实。

参考文献

[1]　OA 期刊名录（The Directory of Open Access Journals），网址：http://www.doaj.org

[2]　请参考 OA 知识库列表上关于 OA 期刊资助的列表。网址：http://oad.simmons.edu/oadwiki/OA_journal_funds

[3]　开放存取学术出版商协会（OASPA），尤其是可以参考 OASPA 成员列表及其行为准则。网址：http://www.oaspa.org；http://www.oaspa.org/members.php；http://www.oaspa.org/conduct.php

[4]　请参考 SHERPA RoMEO 数据库，网址：http://www.sherpa.ac.uk/romeo

[5]　请参考 OA 知识库列表上关于作者补遗的列表。网址：http://oad.simmons.edu/oadwiki/Author_addenda

[6]　请参考 ROAR（the Registry of Open Access Repositories）、DOAR（the Directory of Open Access Repositories）以及学科知识库 OA 名录（the Open Access Directory list of Disciplinary Repositories），网址：http://roar.eprints.org；http://www.opendoar.org；http://oad.simmons.edu/oadwiki/Disciplinary_repositories

[7]　请参考 OpenDepot、OpenAire、Academia 和 Mendeley，网址：http://opendepot.org；http://www.openaire.eu；http://www.academia.edu；http://www.mendeley.com

[8]　请参考 OA 知识库列表上关于数据知识库的列表。网址：http://oad.simmons.edu/oadwiki/Data_repositories

也请参考来自 DataCite、大英图书馆、BMC 和数字处理中心（the Digital Curation Centre）的列表，网址：http://datacite.org/repolist

术语表

金色 OA（Gold OA）

通过期刊实施的开放存取，跟期刊的商业模式无关。同时参见绿色 OA（Green OA）。

免费 OA（Gratis OA）

用户可以免费获取，但有可能受到版权和许可限制。同时参见自由 OA（Libre OA）。

绿色 OA（Green OA）

通过知识库实施的开放存取。同时参见金色 OA（Gold OA）；知识库（Repository）；自我存储（Self-archiving）。

自由 OA（Libre OA）

用户不仅可以免费获取（免费 OA）文献，同时也不受部分或全部的版权和许可限制。由于版权和许可限制各种多样，所以自由 OA 不是一种获取模式，而是一系列的获取模式。但是，所有的自由 OA 都有一个共性：允许用户对文献的使用超越合理使用的范畴。同时参见免费 OA（Gratis OA）；许可（License）。

许可（License）

源自版权持有人的声明，告知用户他们可以就该受版权保护的作品可以和不可以做什么。公开许可（Open Licenses）允许不同程度的自由 OA，来自创作共用协议（Creative Commons）的许可就是一个典型的例子。如果作品不提供公开许可，那么受版权保护的作品就在"保留所有版权"的法律框架内。

对于这类作品，用户对其的使用不能超过合理使用的范畴。目前的 OA 作品大多都是免费 OA 作品。同时参见免费 OA（Gratis OA）；自由 OA（Libre OA）。

开放存取（Open access）

不受限制地获取网络作品及其他资源。OA 文献是数字化、在线的、免费的（gratis OA），同时也不受不必要的版权和许可的限制（Libre OA）。这个术语是在 2002 年 2 月份的布达佩斯开放存取倡议中提出的。

出版费用（Publication fee）

有时也被称为处理费用，有时也被（错误地）称为作者费用。这是一笔某些 OA 期刊在录用论文时收取的费用，其目的是弥补出版成本。这是期刊在不收取读者费用和不设置获取障碍的情况下弥补出版成本的方式之一。虽然这笔账单寄到作者的头上，但通常并不是作者本人支付的，而是由作者的资助机构或所属单位支付的。

知识库（Repository）

在 OA 世界里，知识库是 OA 作品的网络数据库。知识库自身并不开展同行评审，但是他们可以存储已经通过同行评审的论文。除此之外，知识库还存储尚未经过同行评审的论文预印本、电子版的学位论文、图书及其章节、数据集、源自所在图书馆的纸质文献的数字化作品。机构知识库（Institutional repositories）旨在存储本机构的研究产出，而学科知识库或中央知识库（disciplinary/central repositories）旨在存储某一领域的研究产出。

自我存储（Self – archiving）

也被称为 OA 存储。该做法通过把作品存储在 OA 知识库的方式使其成为 OA 资源。同时参见绿色 OA（Green OA）。

付费获取（Toll access）

只对支付费用的读者提供访问服务。也是最常使用的作为开放存取对立面的术语。

补充资源

更多关于开放存取自身的资源

开放存取指南（简称 OAD）。这是一个维基百科网站，是我与罗宾逊·匹克（Robin Peek）在 2008 年 4 月份共同创办的。

网址：http://oad.simmons.edu

也请参考源自 OAD 的许多主要列表，包括：

- 重大事件列表：http://oad.simmons.edu/oadwiki/Events
- OA 的数量发展：http://oad.simmons.edu/oadwiki/OA_by_the_numbers
- 发展年表：http://oad.simmons.edu/oadwiki/Timeline

开放存取学术信息原始资料库（简称 OASIS）。这是对实施开放存取的具体步骤的摘录，来自莱斯利·陈（Leslie Chan）和阿尔玛·斯沃恩（Alma Swan）。

网址：http://www.openoasis.org/

开放存取进展跟踪项目（简称 OATP）。这是我在 2009 年 4 月份创办的实时提醒服务。

网址：http://oad.simmons.edu/oadwiki/OA_tracking_project

更多关于绿色 OA 的资源

开放存取知识库指南（简称 OpenDOAR）。与 ROAR 被称为两大 OA 知识库指南。

网址：http://www.opendoar.org/

开放存取注册指南（简称 ROAR）。与 OpenDOAR 被称为两大 OA 知识库指南。

网址：http://roar.eprints.org/

开放存取知识库材料存储政策注册指南（简称 ROARMAP）。是目前搜集资助机构和大学绿色 OA 政策的最佳列表。

网址：http://www.eprints.org/openaccess/policysignup/

SHERPA RoMEO 网站。是目前搜集期刊出版商关于 OA 自存储政策的最佳列表。

网址：http://www.sherpa.ac.uk/romeo/

更多关于金色 OA 的资源

开放存取期刊指南（简称 DOAJ）。这是目前搜集高质量 OA 期刊的最佳列表。

网址：http://www.doaj.org/

OA 期刊商业模式。源自开放存取指南的一份列表（the Open Access Directory）。

网址：http://oad.simmons.edu/oadwiki/OA_journal_business_models

开放存取学术出版商协会（简称 OASPA）。OA 出版商专业协会。

网址：http://www.oaspa.org/

更多关于开放存取的倡导及政策的资源

倡导开放存取的相关机构。源自开放存取指南的一份列表（the Open Access Directory）。

网址：http://oad.simmons.edu/oadwiki/Advocacy_organizations_for_OA

学术出版和学术资源联盟（简称 SPARC）。美国倡导开放存取的主要机构之一。

网址：http://www.arl.org/sparc/

也请参考从 SPARC 独立出来的"纳税人获取联盟（简称 ATA）"，这是在美国国会上为开放存取发声的主要机构。

网址：http://www.taxpayeraccess.org/

使开放研究成为现实（简称 EOS）。这是倡导大学 OA 政策的主要机构之一。

http://www.openscholarship.org/

更多关于我个人在开放存取领域的成果

哈佛大学开放存取项目（简称 HOAP）。是我自从 2011 年 7 月以来的主要服务机构。

网址：http://cyber.law.harvard.edu/hoap

《开放存取概览》（Open Access Overview）。我对开放存取的简要介绍，提供英文和其他语种的版本。

网址：http：//www.earlham.edu/~peters/fos/overview.htm

《开放存取精华之概览》（Very Brief Introduction to Open Access）。我对开放存取更为精简的介绍，提供英文和其他语种的版本。

网址：http：//www.earlham.edu/~peters/fos/brief.htm

开放存取新闻（简称OAN）。关于开放存取的个人主题博客，撰写时间从2002年5月至2010年4月。目前作为可以在线检索的存档库使用。

网址：http：//www.earlham.edu/~peters/fos/fosblog.html

我目前在Google+撰写的博客，其中大多数的话题聚焦于开放存取。

网址：http：//www.google.com/profiles/peter.suber

SPARC开放存取通讯刊物（简称SOAN）。我个人于2001年3月创办的关于开放存取的通讯刊物。

网址：http：//www.earlham.edu/~peters/fos/newsletter/archive.htm

开放存取领域的相关出版物。我个人在开放存取领域主要作品的书目。

网址：http：//www.earlham.edu/~peters/fos/oawritings.htm

补充阅读资源

《基于开放存取的学术出版转型》（Transforming Scholarly Publishing through Open Access: A Bibliography）。该书由贝利（Bailey, Jr.）和查尔斯（Charles W）合作完成，由数字学术研究（Digital Scholarship）出版于2010年出版，提供印刷版和OA版。

网址：http：//www.digital-scholarship.org/tsp/w/tsp.html

《开放存取书目》（Bibliography of open access）。这是在贝利（Bailey）关于开放存取的书目（2005年的版本）基础上创建的维基百科，目前由开放存取指南（Open Access Directory）运作和维护。

网址：http：//oad.simmons.edu/oadwiki/Bibliography_of_open_access

译后记

对我来说，开放存取并不是一个陌生的概念，跟它已有十多年的缘分了。2003年的四五月份，非典笼罩着整个北京城，我们被"囚禁"在距离北大燕园约有5公里的万柳公寓。百无聊赖的我们只能靠读书和上网度日。一个偶然的机会，我在上网的时候发现了BOAI的网站，并被开放存取所倡导的自由和开放理念深深吸引住了。那段时间，我如饥似渴地阅读了几乎所有关于开放存取的文献（当时这个领域的文献数量还不多），其中就包括彼得·萨伯教授在这个领域的诸多成果。

萨伯教授是开放存取运动的先锋者和领导者，目前就职于哈佛大学柏克曼互联网与社会研究中心和哈佛学术传播办公室，负责哈佛开放存取项目。如果以开源代码运动的两位重要人物来类比的话，在我看来，萨伯既有理查德·斯托曼的自由情怀和布道精神，又有斯蒂文·雷曼的理想主义和实干态度。一方面，萨伯对开放存取的理论探讨颇具哲学意味，尽管有些观点尚未定论，但无疑是开放存取运动中最具影响力的声音。另一方面，萨伯真正投身于开放存取的建设大潮。他是BOAI项目的发起人，是开放存取名录的创建者，坚持撰写"开放存取资讯"博客整整十年，不一而足。

《开放存取简编》是萨伯教授对自己过去十多年的研究心得和成果的系统整理。正如他在序言中所指出的，"这是一本介绍开放存取知识的小册子，旨在为工作繁忙的读者简要地介绍开放存取，澄清人们对开放存取的误解，消除实施开放存取道路上的最大障碍。"该书在出版后获得了学术界的广泛认可。著名评论家罗布·哈勒在《里奥纳多书评》（2012年8月2日）如此评论道："这是一本非常重要的图书，我建议所有需要出版自己的作品或需要查阅他人作品的学者和研究人员都应该读读这本书；换言之，整个学术界都应该好好读读这本书。"

萨伯教授可以说是我投身于开放存取研究的引路人，我在文章中也多次引用他的研究成果。在《开放存取简编》于2012年出版后，我就萌生将此书翻译成中文版的念头。在同年年底的上海图书馆学会学术委员会的工作会议上，得知由初景利教授带领的中国图书馆学会编译出版委员会正在筹备出版一套国外图书馆学情报学译丛。于是，我就自告奋勇，向初老师推荐了这本书，该书最终成功入选译丛书目。借此机会，我向初老师表达我的谢意，他是我多年的"良师益友"。早在2005年，他就邀请我参加由他主持的中科院文献情报中心的前瞻性研究项目——支持开放存取的国家和机构的政策机制研究。

从开始翻译到提交译稿，历经了将近一年的时间。尽管本书的翻译工作由我本人独立完成，但我深知它的顺利出版凝聚了多人的心血。除了上面提到的原作者萨博教授和译丛主编初景利教授之外，中国海洋出版社的杨海萍老师做了大量的编辑工作，中国科学院文献情报中心的王传清老师做了一些联络工作。最后也是最重要的，我要感谢我的妻子吴圆圆女士。她非常支持我的翻译工作，我也经常跟她讨论有些吃不准的语句，她的解释往往会令我茅塞顿开！也感谢我可爱的儿子李凯哲小朋友，在枯燥的翻译工作当中，他总是能给我带来无穷的乐趣！

最后需要说明的一点是，中文版在排版的时候将参考文献直接安排在每个章节之后，打乱了原书的页码顺序。因此，中文版并没有提供跟原书对应的索引。由此造成的不便敬请读者见谅！

李　武

2013. 11. 15